PÉRIL

DE LA

SITUATION PRÉSENTE.

14 OCTOBRE 1831.

COMPTE A MES COMMETTANS.

La défiance est le palladium de l'indépendance et de la liberté.

DÉMOSTHÈNES.

MIRABEAU.

AF724579

BIBLIOTHÈQUE ROYALE

PARIS.

AUGUSTE MIE, IMPRIMEUR,

RUE JOQUELET, N° 9.

1831.

AUX ÉLECTEURS

DU 2ME ARRONDISSEMENT DE DIJON,

(CÔTE-D'OR).

MES CHERS COMMETTANS,

Le ministère et ses partisans exposent le pays à la restauration, à l'invasion et au démembrement.

J'en ai la plus profonde conviction, et je ne veux pas en partager la responsabilité.

Je puis me tromper sans doute; mais l'opinion contraire peut être également erronnée, et l'erreur la plus dangereuse ne serait-elle pas celle qui nous endormirait sur un volcan?

Sentinelle envoyée par vous pour veiller à votre salut, mon devoir est de crier: *Garde à vous!* vous pourriez m'accuser plus tard si mon silence vous laissait dans une sécurité funeste.

Mais comment vous avertir?

Je l'aurais fait à la tribune s'il m'avait été possible d'y pénétrer dans la déplorable séance du 22 septembre, et si d'ailleurs l'assurance avec laquelle les ministres affirment ou dénient les faits, et les ménagemens parlementaires que la chambre prescrit à leur égard, n'y rendaient impossible l'expression des pensées accusatrices.

J'aurais pu le faire encore en vous priant d'accepter ma démission; mais le poste devient chaque jour plus périlleux, et j'y reste pour mieux vous y servir.

Je pouvais encore adresser un mémoire au Roi; mais les conseillers de la couronne me paraissent avoir accumulé tant de nuages autour du trône que je crains bien que la vérité ne puisse plus y trouver accès.

Il ne me reste donc qu'à m'adresser directement à vous.

Je viens le faire; je viens vous signaler sans réticence l'effroyable danger qui nous menace.

Quelles que puissent être les conséquences de ma franchise, je les redoute moins que les reproches que pourrait me faire ma conscience si je me taisais plus long-temps : *Fais ton devoir, advienne que pourra*, a toujours été la règle de ma conduite, et l'est encore aujourd'hui.

Veuillez, mes chers commettans, agréer la nouvelle assurance du respectueux et inaltérable dévouement,

De votre fidèle député,

CABET.

Paris, 14 octobre, 1831.

PÉRIL
DE LA
SITUATION PRÉSENTE.

PREMIÈRE PARTIE.

SYSTÈME DU MOUVEMENT.

§. 1er. — *Que fallait-il faire après la révolution de juillet?*

La révolution de 1789 était, dans son principe, essentiellement juste et généreuse.

Elle aurait été pure de tout excès si les intrigues de ses ennemis, leur perfidie, leurs complots, leur trahison, l'appel et l'intervention de l'étranger, ne l'avaient pas irritée et réduite à la nécessité de se défendre.

La restauration de 1814, imposée par l'étranger, substituant violemment la légitimité de droit divin à la souveraineté nationale, fut évidemment une *usurpation*; la charte octroyée fut évidemment *illégitime*.

La deuxième restauration de 1815, également imposée par l'étranger, fut plus évidemment encore une *usurpation*, contre laquelle avaient formellement et solennellement protesté les représentans du pays.

De 1814 à 1830, les Bourbons avaient été subis et tolérés : ils auraient pu se maintenir définitivement, s'ils avaient su se résigner à exécuter fidèlement leur propre charte, et si la nation avait pu recouvrer ses droits par les voies pacifiques et légales.

Mais les ordonances du 25 juillet firent éclater les sentimens cachés au fond des cœurs, l'amour de la liberté et la haine pour la restauration: répondant à l'appel fait par la *protestation* de 1815, le brave peuple de Paris expulsa les Bourbons et reconquit la souveraineté nationale.

Ce fut une *révolution* complète, ou, si l'on veut, la destruction de la restauration, et la continuation de notre première et immortelle révolution.

Cette révolution nouvelle fut également juste et généreuse.

Le peuple qui, pour l'opérer, avait versé son sang et bravé d'effroyables périls, méritait d'en recueillir les fruits et voulait, en effet, qu'on en tirât *toutes les conséquences* raisonnables.

Ces conséquences étaient faciles à déterminer; nos discussions solennelles depuis 1789, nos nombreuses constitutions et la protestation des cent jours les indiquaient clairement.

Il fallait créer un gouvernement provisoire et dictatorial;

Convoquer un congrès national et régler, à cet effet, un mode d'électiou plus populaire;

Faire une constitution nouvelle qui aurait consacré les dispositions libérales des constitutions précédentes, notamment la *souveraineté nationale*, la nécessité de la *ratification* et le droit de *révision*.

Il fallait composer un ministère national;

Eloigner des emplois tous les carlistes;

Confier les fonctions publiques aux patriotes;

Honorer la révolution et ses auteurs;

Ranimer par tous les moyens le commerce et l'industrie;

Et reconaître au peuple tous les droits dont l'aristocratie l'avait si long-temps dépouillé, et qu'il aurait reconquis par son courage, son dévouement et ses vertus.

Il fallait, enfin, montrer à l'Europe de la force, de la confiance en soi-même et de la fierté;

Se borner à notifier la révolution aux autres gouvernemens sans mendier des reconnaissances;

Faire abstraction des honteux et injustes traités de 1815;

Déclarer aux rois qu'on ne voulait pas les attaquer, mais que, regardant leur attaque comme possible, on voulait se préparer à la défense;

Se préparer en effet, sans rien négliger ; organiser une armée nombreuse, la garde nationale mobile et sédentaire, couvrir le pays d'ateliers pour fabriquer ou réparer des armes ;

Déclarer aux peuples que la France ne voulait ni faire de conquêtes, ni porter atteinte à leur indépendance;

Proclamer le principe de non-intervention et le faire respecter;

Enfin, offrir aux nations l'amitié, l'alliance et l'appui du peuple français.

§. 2. — *Quel aurait été le résultat de ce système?*

Le peuple aurait été satisfait; l'ordre public n'aurait pas été troublé ; on n'aurait pas vu d'émeutes; l'union aurait régné parmi les citoyens ; les carlistes, ne pouvant espérer le retour de la restauration, se seraient résignés, et n'auraient eu d'autre intérêt que celui de rivaliser de patriotisme pour faire oublier le passé; l'industrie et le commerce auraient insensiblement repris leur ancienne activité.

Les peuples, électrisés par l'exemple de la France, et comptant sur sa protection, se seraient tous affranchis, comme l'ont fait ceux de Belgique, de Suisse, de Pologne, d'Allemagne et d'Italie.

Les souverains, tremblans sur leurs trônes ébranlés, n'auraient pas même eu l'idée d'attaquer la France, auraient eux-mêmes sollicité la paix, et se seraient empressés d'offrir des constitutions à leurs peuples, ou bien auraient eu le sort de Charles X.

Les rois, les aristocrates, les carlistes et les doctrinaires n'auraient sans doute pas été contens ; mais leurs plaintes auraient été sans justice; mais le peuple français et les autres peuples auraient été justement heureux ; la révolution de 1830 aurait fourni sa plus belle page à l'histoire, et Louis-Philippe aurait été le plus aimé, le plus respecté et le plus puissant des monarques.

Qu'ils sont coupables ceux qui nous ont ravi tant de bienfaits d'une si miraculeuse révolution !

DEUXIÈME PARTIE.

SYSTÈME MINISTÉRIEL OU DE LA RÉSISTANCE.

Ce qu'on a fait.

§ 1er. — *Intérieur.*

Constitution.

Les partisans de la restauration se divisaient en deux partis principaux, les *absolutistes* et les *doctrinaires.*

En juillet 1830, ces deux partis remplissaient la pairie, la magistrature, l'administration et la chambre des députés.

Les *doctrinaires* préféraient la charte aux criminelles ordonnances ; mais ils préféraient aussi ces ordonnances et la légitimité à la révolution.

La révolution, faite par le peuple, la jeunesse et quelques députés libéraux, eut donc pour adversaires les *doctrinaires* comme les *absolutistes*, c'est-à-dire, presque tous les fonctionnaires publics.

Les absolutistes n'osaient se montrer, et les doctrinaires n'osaient s'opposer ouvertement ; mais ces derniers s'efforcèrent de s'emparer de la direction par adresse ou par ruse, et de faire avorter ensuite la révolution.

L'imprudente confiance que leur accordait le parti national, qui les avait admis dans ses rangs, servit merveilleusement leurs projets ; celle que, par malheur, leur accordait le prince adopté par les patriotes les servit bien mieux encore.

Pour parvenir à leur but, ils se réunirent de nouveau aux absolutistes dont ils s'étaient séparés, et se séparèrent du parti national auquel ils s'étaient réunis, cherchant à le diviser, ménageant d'abord les plus énergiques et les plus populaires, et attirant à eux les plus timides et les plus ambitieux.

Voyons les faits :

Les ordonnances sont publiées le 26.

Dès le soir, le peuple s'émeut : *l'émeute* commence.

Si la chambre était assemblée, et si la garde nationale n'avait pas été dissoute, l'émeute serait peut-être étouffée au profit de *l'ordre* et du despotisme.

Mais le 27, l'émeute devient *insurrection* : pour la première fois depuis 1815, le peuple prend les armes, et, pendant trois jours, brave héroïquement la mort.

Charles X ordonne que Paris soit exécuté militairement, et que les principaux habitans ou députés soient fusillés de suite en place de grève.

Mais la ligne, même la gendarmerie, même la garde royale, combattant à regret leurs concitoyens et la liberté, se laissent vaincre ou sont vaincus.

Dix ou douze députés patriotes se joignent au peuple, et l'insurrection triomphante est une *révolution*.

Le 29, ces députés (dont le nombre augmente avec la victoire), réunis chez M. Laffitte, nomment le général Lafayette commandant des gardes nationales, et le général Gérard commandant de l'armée ; ils constituent une commission municipale (ou gouvernement provisoire) composée de MM. Laffitte, Mauguin, Audry de Puyraveau, de Schonen, Lobau et Casimir-Périer.

Charles X, vaincu, offre alors de traiter, de révoquer les ordonnances, de tout amnistier, et de charger MM. de Mortemart, Casimir-Périer et Gérard de composer un nouveau ministère.

MM. de Mortemart, de Sémonville et d'Argout négocient ouvertement pour le roi parjure.

M. Casimir-Périer qui, comme M. Sébastiani et les doctrinaires, s'est opposé jusqu'au bout à l'insurrection, en invoquant toujours la *légalité*, continue, quoique membre du gouvernement provisoire, à négocier secrètement avec

Charles X, qui l'a nommé ministre, et refuse de consentir à sa déchéance.

Mais la commission municipale proclame cette *déchéance*, malgré l'opposition de Casimir-Périer, et choisit des ministres provisoires qui, par une déplorable fatalité, sont : MM. Guizot, à l'instruction publique ; — De Broglie, à l'intérieur ; — Louis, aux finances ; — Rigny, à la marine ; — Gérard, à la guerre ; — Bignon, aux affaires étrangères ; — Dupont, à la justice.

Le 30, quarante députés présens se rendent à la chambre sous la présidence de M. Laffitte. Les uns demandent Charles X, d'autres le duc d'Angoulême, d'autres Henri V : mais le parti d'Orléans l'emporte, et le duc est proclamé *lieutenant-général* du royaume.

Le 31, ce prince, à qui l'on offre une *couronne* ou bien un *passe-port*, accepte la lieutenance et se rend à l'hôtel de ville, où Lafayette le reconnaît et l'adopte.

Le lieutenant-général choisit provisoirement une commission ministérielle dans laquelle les doctrinaires sont en majorité. (1)

Bien plus, s'organise à l'instant, pour le malheur de la France, une *Camarilla* (2) doctrinaire, dont l'âme est Talleyrand, dont les ministres ne seront que les prête-nom, qui va tout diriger, et qui s'empresse d'annihiler la commission municipale dont les actes révolutionnaires contrarient ses projets.

Abusant des vœux manifestés par le prince en faveur de la paix, cette *Camarilla Talleyrand-doctrinaire* décide, en système, que, pour éviter la guerre, il faut, autant que possible, *être Bourbon, se rapprocher de la restauration et de la Charte, entrer dans la Sainte-Alliance, en un mot effacer la révolution.*

Cependant Charles X et le duc d'Angoulême abdiquent en faveur du duc de Bordeaux, et nomment eux-mêmes le

---

(1) MM. Guizot, de Broglie, Molé, Louis, Sébastiani, Gérard et Dupont (de l'Eure).

(1) Petit conseil privé.

duc d'Orléans lieutenant-général du royaume,à la charge de proclamer Henri V, dont il deviendrait le régent.

C'est peut-être Talleyrand qui dicte cette mesure!

Aussi, quoique cet acte soit radicalement nul, la *Camarilla* le fait déposer aux archives des deux chambres, comme s'il devait, bientôt ou plus tard, servir de titre à la proclamation d'Henri V!

Néanmoins,on crie dans les rues de Paris que l'enfant du miracle n'est qu'un bâtard, comme si l'on voulait que le duc d'Orléans se trouvât roi légitime en vertu de cette double abdication!

La session des deux chambres est ouverte au jour fixé par Charles X (3 août), comme s'il n'y avait pas de révolution consommée!

On renouvelle des efforts pour faire proclamer Henri V par les chambres; et, pour réussir, on affirme que le duc d'Orléans préférerait la régence à la royauté.

Néanmoins, la déchéance des Bourbons ayant été déjà proclamée par la commission municipale, le trône est déclaré vacant en fait et en droit, et le lieutenant-général est proclamé roi des Français.

Mais l'on veut d'abord l'appeler Philippe 7;

Mais il ne va pas d'abord occuper les Tuileries;

Mais il conserve les fleurs de lys;

Mais on dit qu'il ne peut pas cesser d'être *le petit fils d'Henri IV*, et qu'il faut bien le prendre tel qu'il est;

Mais les doctrinaires, qui n'ont pu obtenir Henri V, s'efforcent encore de conserver le principe de légitimité ou de quasi-légitimité, en conservant la CHARTE, *les pairs*, *les députés et les juges de la restauration*, comme si cette restauration était continuée, comme s'il n'y avait pas de révolution, mais seulement un *changement de règne et de ministère*!

La *Camarilla*, d'accord avec une *coterie doctrinaire* qui mène le petit nombre de députés réunis, s'empare du pouvoir constituant, et la charte est révisée : les modifications sont préparées et rédigées au Palais-Royal, sous l'inspiration de Talleyrand, et les députés ne font que les adopter presque sans amendemens.

Cette Charte, ainsi révisée, n'est soumise à aucune ratification nationale.

On s'efforce seulement d'obtenir des acclamations, des adresses et des députations; mais ces démonstrations irrégulières et souvent intéressées ne sont qu'un vain simulacre de la ratification du peuple.

Ainsi l'illégitime et illibérale *Charte de Louis XVIII*, monument d'usurpation et de honte, est conservée ; ainsi la restauration est continuée; et, tandis que le peuple accepte Louis-Philippe, *quoiqu'il* soit de la famille des Bourbons, les doctrinaires, qui lui préféreraient Henri V et la légitimité, le tolèrent, au contraire, précisément *parce qu'il* est de cette famille et qu'il a une quasi-légitimité !

Et les députés libéraux sont assez aveugles et assez dupes pour ne pas repousser un système aussi manifestement incompatible avec la révolution ! !!

Arrêtons nous ici : Revenons sur nos pas.

Que quelques députés patriotes aient pu nommer un commandant de la garde nationale, un commandant de l'armée, un gouvernement provisoire, puis un lieutenant-général du royaume, c'est une vérité incontestable; car, d'une part, tout était alors *insurrectionnel* et *révolutionnaire*; la force seule (appuyant ici la justice) disposait de tout; les *insurgés* pouvaient faire tout ce qu'exigeait leur salut: d'autre part, les députés pouvaient s'insurger aussi et se mettre à la tête de l'insurrection; ils le pouvaient d'autant plus que, récemment élus, ils venaient d'être investis de la confiance publique, qu'ils étaient naturellement un point de ralliement, et qu'il était impossible d'avoir alors une autorité moins irrégulière.

Qu'ils aient pu même proclamer un roi, afin d'éviter plus sûrement l'anarchie et la guerre civile, on peut l'admettre encore; l'urgence, la nécessité, la suprême loi du salut public pouvaient les justifier.

Mais la *constitution* était un acte bien plus compliqué et bien plus important : il n'y avait *aucune nécessité* de la faire à l'instant, et par conséquent les députés, pas plus que les autres insurgés, ne pouvaient la faire; car la révolution n'était entreprise que pour rétablir la nation dans l'exercice de ses droits, surtout dans le premier et le plus précieux de tous, celui de *constituer la forme et les conditions de son gouvernement :* lui ravir ce droit, c'était tuer, à sa naissance, la révolution et la souveraineté nationale; c'était substituer une usurpation nouvelle à l'usurpation renversée.

On a beau se débattre, crier, injurier, calomnier, effrayer, il n'est aucune vérité plus manifeste et plus incontestable: les députés n'étaient que des *insurgés,* et n'avaient *aucun mandat* pour faire une constitution, ainsi que beaucoup d'entre eux l'ont alors déclaré en refusant de prendre part à cette opération.

Si l'insurrection croyait indispensable d'élire un Roi, il fallait donc lui imposer la condition d'accepter la *constitution qui serait délibérée par un congrès national et ratifiée par le peuple*; il fallait convoquer en même temps la nation pour élire ce congrès.

Si l'on voulait aller encore plus loin, et donner au pays encore plus de garanties d'ordre et de stabilité, on pouvait même faire une *constitution provisoire*, ou adopter provisoirement la constitution de 1791.

Le duc d'Orléans aurait accepté toutes ces conditions, puisque, le 3 août, il avait déclaré qu'*il acceptait d'avance toutes les conséquences d'un gouvernement libre.*

Si les députés s'étaient arrêtés là, la France, délivrée par les combattans et par eux n'aurait demandé ni aux uns ni aux autres quel était leur *nombre*, quel était leur *mandat*, quelles *formes* ils avaient suivies : elle aurait *ratifié* leur ouvrage, les aurait tous appelés ses sauveurs, et les aurait confondus dans ses bénédictions.

Mais c'aurait été reconnaître et consacrer une *révolution*, et ce n'est pas ce que voulaient la *Camarilla* et les doctrinaires.

Aussi, quoiqu'il n'y eût ni mandat ni nécessité de faire la constitution, ils se hâtèrent de reviser la *charte*, afin d'étouffer la révolution et de continuer la restauration.

La nouvelle charte n'est donc essentiellement que *provi-*

soire, et si l'on persistait à la considérer comme définitive, jamais usurpation des droits nationaux n'aurait été plus flagrante.

Si du moins les dispositions de cette charte nouvelle étaient libérales, leur libéralité pourrait couvrir les vices de forme et le défaut de pouvoir; et la nation, libre et heureuse, aurait encore *ratifié* ce qu'on aurait fait pour elle.

Mais comment les élus de l'absolutisme, les produits du double vote et des manœuvres ministérielles, comment les doctrinaires et la *Camarilla* auraient-ils pu vouloir faire une constitution libérale? Ne veulent-ils pas, au contraire, enchaîner la liberté, et surtout l'égalité?

Aussi que *d'inconséquences!*

Les Bourbons sont expulsés; mais leurs pairs, leurs députés et leurs juges sont conservés!

On chasse une partie des pairs, et l'on conserve les autres! On conserve les députés!

Les absolutistes sont vaincus, et ils restent pour imposer une constitution et des lois aux vainqueurs!

Le double vote est aboli; mais ses élus restent législateurs!

La pairie n'est que provisoire jusqu'en 1831; mais les pairs n'en feront pas moins jusque-là des lois définitives, et les feront pour repousser leurs adversaires!

Des députés qui, dans les colléges électoraux, ont prêté serment de fidélité à Charles X, et qui viennent à la chambre pour y renouveler ce serment, le prêtent à Louis-Philippe, et prétendent imposer confiance en leur serment nouveau!

Les députés qui se soumettaient aux ordonnances et soutenaient qu'il n'y avait plus de députés, reprennent subitement cette qualité pour *sept ans*, et prétendent avoir mandat non-seulement pour faire des *lois*, mais pour défaire et refaire la *Charte*, sans même consulter la nation!

Et que d'imperfections dans cette Charte amendée!

La souveraineté nationale n'y est pas reconnue!

Les pairs et les juges de la restauration, c'est-à-dire les ennemis de la révolution, sont maintenus!

Le sort de la pairie est renvoyé à la session de 1831, sans indiquer par qui il sera réglé, en exposant ainsi les trois pouvoirs à un conflit capable de tout bouleverser!

Les droits électoraux et municipaux, au lieu d'être réglés constitutionnellement, sont livrés à la mobilité des lois et aux caprices des ministères, des législateurs et des événemens!

On abandonne aux ministres le droit de paix et de guerre, celui de refuser ou de céder des territoires!

On n'y prévoit ni *l'acceptation* du peuple, ni le mode et l'époque d'une *révision*, comme si cette œuvre de précipitation et de confusion devait être éternelle, ou comme si l'on savait bien qu'elle ne doit avoir qu'une existence éphémère!

Cette Charte de 1830, faite ou plutôt surprise en quelques heures, est sans doute moins mauvaise que la Charte de 1814; mais elle est infiniment moins libérale que toutes nos constitutions précédentes; et, cependant, n'a-t-elle pas été achetée par assez d'oppression, d'humiliation, de sang et de périls?

La révolution n'est donc faite qu'à demi, en faveur de Louis-Philippe, mais pas en faveur du pays et de la liberté: la *Camarilla Talleyrand-doctrinaire*, la transformant en un simple *événement*, une simple *résistanee*, l'escamote au profit d'une *quasi-restauration* et d'une *quasi-légitimité*.

INDÈ MALI LABES:

C'est là, il ne faut pas se le dissimuler, c'est là LA SOURCE DE TOUS NOS MAUX ET DE TOUS NOS EMBARRAS; c'est ce qui pourrait rouvrir la carrière des révolutions.

Les patriotes les plus clairvoyans ont aperçu de suite toutes les *conséquences* d'un si funeste *principe*.

Le mécontentement, l'irritation, la défiance et l'inquiétude se sont emparés des esprits.

Les hommes les plus énergiques voulaient recourir à la force pour arrêter, dès le premier pas, une usurpation tentée par la ruse: des attroupemens menacèrent la chambre des députés; mais Lafayette vint protéger et sauver les usurpateurs, qui plus tard.... on connait leur reconnaissance !

Les promesses de Louis-Philippe, la *libéralité* et la loyauté qui paraissaient dans sa bouche, la popularité de ses manières, ses vertus privées, les qualités de sa famille, calmèrent les uns, séduisirent quelques autres, et firent naître l'espérance.

Qu'il devait être heureux alors, quand il chantait la Marseillaise, quand il se promenait seul, à pied, comme un bourgeois, dans les rues de Paris, causant avec le premier venu, et donnant la main à ce peuple auquel on donne des coups de sabre aujourd'hui !

Mais le système suivi dans la *législation* et *l'administration* reproduisit bientôt une irritation qui s'accrut tous les jours, comme la boule de neige roulant du sommet de la montagne jusque dans l'abîme.

Législation.

Loin de favoriser le mouvement de la révolution, les trois branches du pouvoir législatif se concertent de suite pour lui faire *résistance*.

Le pouvoir exécutif est exploité par la *Camarilla*, ayant à ses ordres un ministère doctrinaire, dans lequel on n'appelle quelques patriotes que pour lui donner un vernis de popularité.

La chambre des pairs et celle des députés sont, en majorité, carlistes ou doctrinaires : le parti national s'y trouve peu nombreux et sans force.

En vain l'opinion publique réclame la dissolution de la chambre élective, que plus de cent démissions ou vacances semblent d'ailleurs rendre nécessaire : la *Camarilla* redoute trop une représentation vraiment nationale qui consoliderait et développerait la révolution ; il faut qu'elle conserve, à tout prix, les partisans de la restauration : rien n'est épargné pour avoir une mauvaise loi électorale transitoire, pour corrompre et tromper les électeurs ; et plus de cent réélections mettent complètement le pouvoir législatif entre les mains des doctrinaires. Ceux-ci crient de nouveau victoire, comme ils criaient après le passage de la Bidassoa; et c'est, en effet, une grande victoire qu'ils viennent de remporter.

Aussi, l'on marchande et l'on dispute la liberté; toutes les lois ne sont qu'à demi libérales, notamment celles qui doivent organiser les droits électoraux, les municipalités et la garde nationale; et si l'on est forcé de faire un peu moins mal que sous la restauration, on fait beaucoup moins bien que sous la constituante et les assemblées qui l'ont suivie.

L'opposition nationale, ne pouvant obtenir ce qu'elle désire, est réduite à la nécessité d'accepter le peu qu'on veut bien ne pas lui refuser.

Mais tous les rôles sont intervertis; et de même que, sous la restauration, les émigrés se vantaient d'être les seuls et vrais Français, de même les députés qui se sont opposés à la révolution et qui veulent l'étouffer se parent du titre de *sauveurs* de la liberté, sans rien faire pour le peuple qui l'a conquise au prix de son sang.

Aussi, l'irritation populaire menace-t-elle continuellement cette chambre, dont l'opinion publique ne cesse pas de provoquer la dissolution.

Administration.

Camarilla. — Son existence depuis les premiers momens de l'arrivée du duc d'Orléans est indubitable et notoire.

Composée des chefs doctrinaires et même de quelques carlistes, son esprit est aussi hostile à la révolution que favorable à la légitimité et à la restauration. Forte de la confiance absolue du prince, c'est elle qui gouverne; les ministres ne sont que ses commis, les signataires et les exécuteurs de ses ordonnances; c'est elle seule qui, sans même consulter le ministère, envoie Talleyrand à Londres, qui correspond et traite avec les ambassadeurs et la sainte-alliance, qui dispose, en un mot, des destinées de la France.

Ainsi la quasi-restauration a (comme la restauration avait) deux gouvernemens, l'un *patent*, l'autre *occulte*, qui tantôt se concertent, et tantôt agissent à l'insu l'un de l'autre; dont l'un proclame publiquement le principe de non-intervention, tandis que l'autre applique secrètement le principe contraire; dont l'un écrit secrètement à Guilleminot (1) de pousser la Turquie à la guerre contre la Russie, et dont l'autre destitue l'ambassadeur pour l'avoir fait sans son ordre; dont l'un envoie un courrier à Bruxelles pour annoncer le refus du duc de Nemours, et dont l'autre expédie secrètement par le télégraphe (2) l'ordre d'arrêter ce courrier et de temporiser, tandis que Talleyrand notifie lui-même le refus au nom de la conférence de Londres.

Ministères et ministres. — Quatre ministères différens se succèdent depuis la révolution; les voici :

PREMIER.

MM. Guizot,
De Broglie,
Molé,
Sébastiani,
Louis,
Gérard,
Dupont (de l'Eure),
Laffitte,
Casimir Périer,
Bignon,
et Dupin.
} sans portefeuilles.

---

(1) Guilleminot remet une note au ministre turc. L'ambassadeur de Russie a copie de cette note et l'envoie à son collègue à Paris. Celui-ci se plaint à Sébastiani, qui, ne sachant rien, nie; on lui montre la note et il reste confondu. Furieux contre Guilleminot, il le destitue. — Mais celui-ci arrive, apporte la *dépêche* de la *Camarilla*, et tout se découvre. Sébastiani reste de nouveau confondu et donne sa démission; mais on le supplie, il reste.

(2) Sébastiani, d'accord avec la *Camarilla*, pousse à l'élection du duc de Nemours. Quand il est élu, le conseil refuse, et Sébastiani envoie le refus par un courrier. Mais la *Camarilla* se ravise et deux fois presse Sébastiani de rappeler son courrier. Sébastiani ne peut y consentir. Alors la *Camarilla* expédie secrètement par le télégraphe, au nom de Montalivet, au préfet de Lille, l'ordre d'arrêter le courrier. Le préfet répond de suite, par le télégraphe, qu'il vient d'exécuter son ordre. La réponse télégraphique est remise, en séance du conseil, à Montalivet, qui, ne sachant rien, crie à la trahison! On lui explique l'énigme, il est satisfait.

DEUXIÈME.

Montalivet,	Laffitte,
Mérilhou,	Soult,
Sébastiani,	et Dupont (de l'Eure).
d'Argout,	

TROISIÈME.

Montalivet,	Laffitte,
Barthe,	Soult,
Sébastiani,	Mérilhou.
d'Argout,	

QUATRIÈME.

Casimir-Périer,	Rigny,
Montalivet,	Louis,
Sébastiani,	Soult,
d'Argout.	Barthe.

Quelques-uns de ces ministres sont connus par leur coopération à la restauration et leur dévouement aux Bourbons déchus ; la plupart des autres se sont opposés à la révolution, quelques-uns l'ont abandonnée; Dupont (de l'Eure) et Laffitte semblent n'avoir été admis, comme Lafayette, que temporairement et pour prêter leur popularité au gouvernement nouveau : mais tous ces ministères, et le dernier surtout, sont essentiellement et évidemment *doctrinaires*, par conséquent dévoués aux doctrines de la *quasi-légitimité*.

Conseils du cabinet. — La *Camarilla* gouvernant, c'est dans son sein que se réunissent les ministres doctrinaires ; c'est là que tout se décide hors de la présence des ministres libéraux. Le conseil officiel ne sert plus qu'à enregistrer les délibérations; et pendant long-temps ses séances ne sont que des complimens et des flatteries, des causeries plus ou moins spirituelles et agréables, ou des disputes plus ou moins violentes.

Carlistes. — Depuis la restauration, les carlistes occupent presque tous les emplois, les derniers et les premiers. Tous s'attendent à être destitués. Ne serait-il pas juste, en effet, que les vaincus, qui se sont enrichis pendant 16 ans, cédâssent la place aux vainqueurs proscrits pendant le même temps? n'est-il pas nécesssaire à la sureté de la révolution d'éloigner des fonctions publiques des ennemis toujours disposés à la trahir? Mais les doctrinaires, voulant ramener une quasi-restauration ou même la restauration, se plaçent volontairement dans la nécessité de s'allier avec eux, et de leur conserver leurs emplois; et si d'abord on se croit forcé d'en déplacer quelques-uns poursuivis par la clameur publique, on les rappelle bientôt après : ce sont eux qu'on ménage, qu'on caresse, qu'on favorise et qu'on aime.

Comme faveur injuste, leur conservation dans les fonctions publiques irrite les patriotes ; comme danger de trahison, elle inquiète et irrite bien plus encore.

On les conserve, dit-on, pour mieux surveiller leurs complots ; c'est-à-dire que, au lieu de les réduire à la difficulté de conspirer isolément, on leur donne la facilité de trahir, en leur livrant tous les postes, même l'organisation du personnel dans les administrations. Que ne prend-on ce moyen de surveillance envers les patriotes qu'on dit si dangereux! mais non, la *Camarilla* et le ministère préfèrent les carlistes aux hommes de juillet, parce qu'ils préfèrent la restauration à la révolution!

Hommes de juillet. — Puisque la *Camarilla* déteste la révolution, elle doit détester ceux qui l'ont faite ; puisqu'elle veut la détruire, elle doit s'attendre qu'ils seront irrités; elle doit redouter ceux qui ont expulsé Charles X et les redouter comme des ennemis ; c'est une conséquence bien périlleuse, mais forcée.

Cédant à la nécessité du premier moment, on les loue d'abord, on en admet quelques-uns; mais dès qu'on se croit assez fort pour s'en débarrasser, on les attaque, on les expulse, sans excepter ni Lafayette, ni Dupont (de l'Eure), ni Laffitte, ni Odillon-Barrot; et s'ils se plaignent de se voir repoussés en masse, on les accuse d'ambition et de cupidité, comme si les patriotes, proscrits depuis 1814, n'avaient pas le droit de partager, au moins proportionnellement à leur nombre, les emplois que leurs contributions servent à payer! comme si la garde de la révolution pouvait être mieux confiée qu'à ceux qui l'ont faite en versant leur sang! Du reste, qui les accuse ainsi? ne sont-ce pas les carlistes, ou les doctrinaires gorgés de faveurs et de traitemens, et intéressés à les conserver? En un mot, les patriotes et le peuple, traités en parias pendant 16 ans, paient et se ruinent, même après leur victoire, pour augmenter l'opulence de leurs ennemis vaincus, enrichis de plusieurs milliards par la restauration! on les hait, on les poursuit, on les condamne, on les persécute, on les proscrit, comme on condamnerait la révolution si on l'osait!

Peuple.—N'a-t-il pas mérité la reconnaissance de la patrie et l'admiration de l'univers par son dévouement patriotique, son héroïque courage et sa générosité sublime? N'a-t-il pas versé son sang, bravé tous les périls pour sauver la liberté? N'est-ce pas lui qui en est le véritable sauveur? et cependant, qu'a-t-il pris, exigé, ou même demandé? Patient, docile, confiant, même jusqu'à l'excès, ne semble-t-il pas avoir dit aux députés : « Depuis seize ans, vous faites un « appel à mon courage; j'ai vaincu, j'ai sauvé vos têtes « proscrites: mais vous avez plus de lumières; c'est à vous « à faire le reste; faites des lois pour nous tous. » Hé bien! qu'a-t-on fait pour lui? Qu'a-t-il retiré de la révolution? D'abord quelques éloges, puis le dédain, la haine, l'insulte, aucun droit, mais le manque de travail et la plus effroyable misère! on l'envoie périr sur les rivages d'Alger, ou bien on le laisse tomber et mourir de faim dans les mêmes rues où naguère il bravait la mort pour la liberté, ou bien encore on l'y fait sabrer en attendant qu'on l'y mitraille!

Jeunesse. — Emule ou guide du peuple, partageant ses droits à l'admiration et à la reconnaissance publiques; la *Camarilla*, qui la hait et la redoute, parce qu'elle doit en effet la redouter et la haïr, la caresse d'abord, mais la traite bientôt en ennemie; l'école Polytechnique elle-même, cette admirable pépinière de généraux populaires, dont, pendant quelque temps, le modeste uniforme éclipse les plus brillans uniformes, l'école Polytechnique ne tarde pas à sentir la haine de la *Camarilla*.

Républicains. — Jeunes, éclairés, brûlans de l'amour de la patrie, ne pensant qu'à l'intérêt du peuple, sortant avec lui du combat et de la victoire, pouvant proclamer la république à l'Hôtel-de-Ville, mais, sacrifiant leurs vœux personnels, ils adoptent la monarchie et Louis-Philippe. On les consulte d'abord, et même on les honore; mais peu de temps se passe avant que la *Camarilla* les poursuive avec fureur, au nom d'un prince qui s'était annoncé comme partisan d'une monarchie *républicaine*, et qui disait en arrivant : *Moi aussi je suis républicain.* S'ils regrettent aujourd'hui la république, n'a-t-on pas en violant toutes les promesses, en trompant toutes les espérances, travaillé comme à dessein pour exciter leurs regrets?

Associations patriotiques. — En entreprenant d'arrêter la révolution, la *Camarilla* savait bien qu'elle ferait naître des associations patriotiques. Peut-être même en a-t-elle organisé elle-même, afin de s'en servir pour effrayer les timides. Ce qui est certain, c'est que les motions les plus violentes, toujours repoussées par la masse, y ont été proposées par de perfides agens qui, chaque soir, apportaient au ministre le procès-verbal de la séance.

Presse. — Qu'on ne dise pas qu'elle s'est montrée tout d'abord hostile au nouveau gouvernement : on pourrait, avec plus de raison, lui reprocher d'avoir été long-temps trop confiante et trop approbatrice. Mais ses yeux se sont enfin ouverts, et son langage est devenu sévère, puis accusateur. La *Camarilla* ne pouvait manquer de le prévoir, et n'a pas reculé devant la nécessité de traiter la presse en ennemie. Aussi la guerre est-elle déclarée : le ministère la poursuit avec plus de fureur que ne l'ont jamais fait Villèle,

Peyronnet et Polignac ; il faut qu'il la brise, ou qu'il tombe devant elle.

Emeutes. — Que les émeutes soient un grand mal pour le commerce, l'industrie, la tranquillité et la sécurité des citoyens ; qu'elles soient une occasion de désordres pour les malfaiteurs et pour les divers partis ; que le gouvernement doive les réprimer dans son intérêt comme pour l'ordre public, personne ne peut le nier : ce sont même les plus chauds patriotes qui doivent les redouter le plus, parce qu'elles fournissent presque toujours un prétexte au pouvoir pour calomnier et garotter la liberté.

Mais les émeutes ne sont, en général, que l'effet d'un entraînement irrésistible : s'il est des temps où les émeutes sont fréquentes, sans qu'aucun effort puisse les empêcher, il en est d'autres où tous les efforts seraient impuissans pour faire une émeute.

En 1827, la garde nationale, sous les armes, ne s'est-elle pas elle-même ameutée, pour ainsi dire, contre Villèle et Peyronnet ?

L'émeute de juillet 1830 était-elle illégitime et criminelle ? Le prince et les ministres d'aujourd'hui ne doivent-ils pas la respecter comme des enfans respectent leur mère ?

L'émeute de décembre, qu'on a voulu noircir en la peignant comme excitée par la soif de la vengeance et du sang, comme un attentat à l'inviolabilité de la justice, et comme une atroce tentative d'assassinat, n'était-elle pas, de la part du peuple, le résultat d'un sentiment légitime ? Les pairs pouvaient-ils être des juges impartiaux ? Ne savait-on pas que beaucoup d'entre eux étaient les complices ou les amis des accusés ? Ne savait-on pas qu'on avait résolu d'avance de les sauver, comme on les a sauvés en effet ? Ces ex-ministres n'étaient-ils pas manifestement coupables ? Leur crime n'était-il pas le plus grand des crimes ? Et le peuple qui, si souvent, est impitoyablement condamné pour un *morceau de pain* que sa misère lui fait dérober et porter à ses enfans mourans de faim, ou pour un *cri* que l'oppression lui arrache ; le peuple qui a vu tant d'assassinats judiciaires contre Ney et les patriotes; le peuple pleurant encore ses frères mitraillés, ou souffrant encore de ses blessures, devait attendre avec respect l'impunité d'un pareil forfait! en voulant l'impunité pour Polignac, la *Camarilla* provoquait la colère populaire; et si cette colère avait tout brisé, croit-on que c'est le peuple que l'histoire eût condamné?

Mais on voulait, dit-on, honorer la révolution par l'acte de la plus sublime générosité! Non, non : la justice doit toujours être justice; il fallait condamner, ou bien il ne faudrait plus jamais condamner personne : et si l'on voulait honorer la révolution par un grand acte de clémence, il fallait, après la condamnation, en faire la proposition au peuple convoqué dans le Champ-de-Mars; en présence des représentans du pays et de la garde nationale, il fallait lui dire : « La justice a puni le crime; mais que vous serviront » quelques têtes tombant sur l'échafaud? Peuple généreux, » qui avez montré tant de magnanimité dans la victoire, » couronnez votre immortelle révolution par un pardon qui » achèvera de montrer votre grandeur et votre force : c'est » votre roi qui vous le propose. » Le peuple (si, depuis cinq mois, il eût été satisfait de son gouvernement) aurait répondu par des acclamations et ramené le prince en triomphe dans son palais; et c'est ainsi que la France aurait présenté le plus magnifique spectacle à l'univers. Mais une grâce, ou plutôt l'impunité accordée malgré les victimes, par ceux qui avaient profité du crime, n'était-ce pas une insulte? Le bon sens du peuple lui a fait voir, dans cette hypocrite prétention d'humanité et de générosité, une attaque contre la révolution et un gage donné à la légitimité : pouvait-il donc rester impassible?

Les fleurs de lys, abattues dans les journées de juillet, mais brillant encore sur les croix dorées des églises et sur les voitures royales, reparaissant sur le grand sceau de l'état, remplaçant même, sur quelques drapeaux nationaux, le mot *égalité* qu'y avait fait écrire Lafayette et qu'on en avait fait disparaître; les carlistes et les prêtres, prenant le masque de la religion pour célébrer audacieusement la fête d'Henri V et donner le signal aux conspirateurs, dans un temple, sous les yeux du gouvernement, en face du Louvre, vis-à-vis des tombes des martyrs de la liberté, pouvaient-ils ne pas exciter encore l'irritation populaire ?...

Plus tard, la brutalité d'un carliste, connu pour tel, contre un enfant vendant des chansons, pouvait-elle ne pas émouvoir une population inquiète et souffrante ?

Plus tard encore, le refus de laisser célébrer l'anniversaire du 14 juillet, et planter des arbres de la liberté qu'on laissait planter partout ailleurs, ne devait-il pas blesser une jeunesse qui s'était dévouée pour la patrie, et qui voyait dans cet acte une hostilité contre nos deux révolutions ?

La chûte de Varsovie, la ruine de nos héroïques amis, de nos généreux frères, qui se sont dévoués pour retarder la marche de nos ennemis, n'est-elle pas l'une de ces grandes calamités qui ne pouvaient manquer de remuer, de désoler, d'irriter tous les cœurs, ceux de nos soldats comme de nos citoyens, dans nos départemens comme dans la capitale, chez tous les peuples comme en France ?

L'instinct populaire, plus sûr que tous les sophismes et toutes les arguties des défenseurs du ministère, n'était-il pas profondément convaincu que le gouvernement *aurait pu* sauver la Pologne, qu'il l'a condamnée à périr, qu'il est coupable de sa ruine, et que la fin de la guerre contre l'insurrection polonaise est le commencement de la guerre contre la révolution française ?

Oui, c'est la *Camarilla* qui, par sa marche contre-révolutionnaire, est la seule cause des émeutes; elle les a prévues; elle a voulu en courir la chance; et plus d'une fois peut-être, la police y est intervenue pour exciter des excès, comme elle a fait arracher et fouler aux pieds la cocarde tricolore, comme elle a soudoyé des assommeurs qu'un garde-des-sceaux a presque encouragés en disant qu'ils n'avaient fait qu'exercer leur droit de souveraineté !

MACHIAVÉLISME-POLICE. —L'un des chefs de la *Camarilla* disait souvent : « Une révolution est un cheval échappé ; si « l'on veut l'arrêter par la force, il entraîne et écrase tout « sous ses pieds ; mais jetez-vous à sa bride et courez avec « lui en ralentissant le pas insensiblement, vous en devenez maître et le ramenez où vous voulez. » Cette idée a servi de guide.

Les doctrinaires voulant étouffer la révolution, et ne pouvant y parvenir que par l'adresse et la ruse, c'était une nécessité pour eux, comme pour les contre-révolutionnaires de 1792, de pratiquer un système de dissimulation, d'hypocrisie, de mensonges, de calomnies et de provocations ; c'était une nécessité pour eux de *diviser* pour régner ; en un mot, de gouverner par la *police*. Les traditions des courtisans et des jésuites étaient à leur disposition comme à la disposition d'Holy-Rood. Aussi a-t-on vu s'organiser à l'instant quatre ou cinq polices diverses, et notamment celles des ministres et de la *Camarilla*, dans lesquelles furent conservés presque tous les agens de la restauration impatiens de se venger de leur défaite. Bientôt tout fut supposé, falsifié et dénaturé ; le mécontentement si naturel qu'excitait la marche du gouvernement fut transformé en esprit de faction et d'anarchie ; les émeutes furent qualifiées séditions coupables ; le peuple, qui s'était montré si vertueux, et qui, loin de vouloir piller, avait fusillé lui-même sept ou huit malheureux, sur l'heure, au Louvre, aux Tuileries, à l'Archevêché et sur la place Maubert, le peuple fut signalé comme une populace turbulente, impie, avide de pillage et de sang ; la jeunesse, qui s'était montrée si généreuse, qui s'était compromise en décembre pour maintenir l'ordre public, et qui peut-être avait sauvé le trône et la pairie, fut dénoncée comme anarchiste. L'opinion des républicains fut métamorphosée en conspiration permanente ; le nom de républicains devint synonyme de révolutionnaires, de jacobins, de niveleurs, de brigands ; tous les hommes de juillet, tous les patriotes furent transformés en républicains et repoussés avec un effroi simulé ; Lafayette, Dupont (de l'Eure) et Laffitte eux-mêmes, si caressés d'abord, et qui avaient tant sacrifié à l'ordre et à la royauté, furent poursuivis comme des ennemis de la paix et du trône; en quelques mois, la *Camarilla* vomit contre eux plus d'outrages et de calomnies qu'il n'en était sorti des Tuileries pendant les seize ans de restauration ; jamais les Polignac ne s'étaient abaissés à tant d'ignobles déloyautés.

Quelques enfans ou quelques insensés poussaient-ils quelques cris ou commettaient-ils quelques excès faciles à réprimer, on les exagérait au centuple et l'on en accusait tous les patriotes en masse.

Bien plus, d'infâmes agens provoquaient aux excès dans les sociétés, dans les réunions, dans les rassemblemens, ou fabriquaient et révélaient de fausses conspirations pour accuser ensuite les patriotes.

Partout, on signalait le peuple, la jeunesse, les républicains, comme étant la cause de la stagnation du commerce et de l'industrie ; partout on montrait une nouvelle révolution, avec le pillage menaçant les propriétés, avec le spectre sanglant de 93 relevant ses échafauds.

C'est ainsi qu'on s'efforçait d'effrayer la masse des riches et des peureux, des industriels, des marchands et des gardes nationaux, de les rallier autour du gouvernement en leur faisant croire qu'ils étaient en péril et que lui seul pouvait les protéger et les sauver; c'est ainsi qu'on s'efforçait de les irriter contre les hommes du mouvement, signalés comme des ennemis et l'unique cause de la misère.

Les ministres eux-mêmes ont-ils craint de donner publiquement et solennellement l'exemple du plus audacieux mensonge ? N'ont-ils pas osé nier à la tribune la marche hostile des Russes ? N'ont-ils pas annoncé à la garde nationale, à l'armée et aux citoyens une fausse victoire des Polonais ? N'ont-ils pas fait tronquer et falsifier le discours de la couronne ?

Et c'est en France, chez la nation la plus amie de la franchise et de la loyauté, qu'on a mis en pratique un si abominable système de mensonges et de calomnies ! après une révolution faite pour punir un parjure ! sous un prince dont les premières paroles ont promis le règne de la *vérité* (1) et de la *bonne foi* (2)!

Non, la restauration n'a rien fait de plus hideux.

Aussi, rien n'égale la confusion, le désordre et le chaos que les ennemis de la révolution sont parvenus à jeter parmi les patriotes eux-mêmes : On suspecte tout, on ne croit plus à rien ; les prétendus *modérés* sont *furieux* contre ceux qu'ils accusent d'exagération ; les anciens amis sont devenus adversaires et même ennemis.

Juste-milieu. — Cette maxime est assez spécieuse pour séduire les vieillards, les timides, les tièdes et les indifférens qui ont des prétentions à la prudence et à la sagesse ; mais, dans la réalité, ce n'est qu'un sophisme, obscur comme presque tout ce qui sort du cerveau des doctrinaires. Que signifie, en effet, le juste-milieu ? y a-t-il deux milieux, l'un *juste* et l'autre *non-juste* ? tout est-il susceptible d'un juste-milieu ? et, par exemple, y en a-t-il un entre le despotisme et la liberté, entre le crime et la vertu ? et dans les choses qui en sont susceptibles, est-il facile à découvrir ? où se trouve-t-il ? c'est là ce qu'il fallait déterminer pour tous les cas, afin qu'on pût s'entendre. Mais c'est un brandon de discorde qu'on a voulu lancer dans la société pour enrégimenter beaucoup d'hommes de bonne foi avec des doctrinaires et des carlistes.

Légalité. — Qu'est-ce ? — Le respect des lois. — Bonnes ou mauvaises, libérales ou oppressives ? — Oui. — Mais c'est la servitude, l'absurdité ! — Sans doute ; mais c'est un autre talisman inventé par les doctrinaires pour séduire et tromper les hommes simples, perpétuer la restauration et le droit divin ; c'est le despotisme surtout qui l'invoque, quand il viole scandaleusement lui-même les lois qui protègent la liberté. Les doctrinaires parlaient de légalité quand les illégales ordonnances provoquaient l'insurrection. Le

(1) Proclamation du duc d'Orléans, du 31 juillet.

(2) Discours du Lieutenant-Général, du 3 août.

ministère qui trahirait le plus est celui qui réclamerait le plus le respect pour la légalité.

Misère. — Les doctrinaires en accusent tous les jours les républicains et les émeutes ; mais cette accusation est une conséquence forcée de leur système machiavélique. — La véritable cause de la misère, c'est la marche contre-révolutionnaire du gouvernement ; ce sont les inquiétudes et les dangers que cette marche fait naître ; c'est la crainte toujours croissante de la guerre ; c'est l'incertitude de l'avenir.

Par cela même que la *Camarilla* veut la contre-révolution, elle veut la misère du peuple ; oui, c'est elle qui veut et fait la misère !

La véritable cause en est aussi dans la conspiration des carlistes, qui seuls possèdent presque tous les capitaux, qui les ont retirés de la circulation, qui ont fait d'énormes emprunts hypothécaires pour accaparer l'argent, comme ils accaparent les armes et les grains, qui ont supprimé toutes leurs dépenses pour économiser, et qui conservent leurs trésors, soit pour ruiner leurs adversaires, soit pour soudoyer leurs agens et l'étranger, soit pour les emporter en émigrant de nouveau.

Résultat bizarre ! La révolution devait favoriser les patriotes en réduisant les avantages des hommes de la restauration ; et voilà que cette révolution (ou plutôt la contre-révolution) a ruiné les patriotes, en enrichissant les carlistes et les doctrinaires !

Ne semble-t-il pas, du reste, qu'on ait voulu réduire le peuple à la misère, dans l'espérance de lui faire haïr la révolution, regretter la restauration et désirer Henri V ?

Garde nationale. — Les doctrinaires n'ont rien négligé pour en faire un instrument contre la liberté : admission à la cour, caresses, louanges, croix et faveurs, tout a été prodigué pour se l'attacher. L'infâme système de mensonges et de calomnies a été appliqué surtout pour tromper sa bonne foi, égarer son patriotisme, dénaturer son amour de l'ordre, et l'irriter contre la jeunesse et le peuple; les carlistes cherchaient à la compromettre par leurs violences; et la *Camarilla*, la plaçant toujours dans l'alternative ou de céder à une irritation populaire, juste mais trop dangereuse, ou de soutenir un pouvoir usurpateur et despote, a trouvé le secret d'en faire momentanément un appui de la contre-révolution. Mais elle revient de sa surprise; cette garde citoyenne, qui a fait tant de sacrifices d'argent et de temps, s'aperçoit enfin qu'on l'a trompée, et ses cris d'enthousiasme pour la Pologne prouvent que, en masse, son dévouement est pour la patrie et la liberté.

Industriels—Commerçans.—Les mêmes manœuvres ont produit sur eux le même effet : la police et la presse doctrinaires les ont trompés, en leur répétant tous les jours que leurs souffrances n'avaient pas d'autre cause que les républicains et les émeutes; mais la vérité commence à se faire entendre d'eux : ils commencent à voir que les faillites et la misère continuent avec la crainte de la guerre et le mauvais système d'un gouvernement trompeur; bientôt peut-être ils seront d'autant plus irrités qu'on aura plus long-temps égaré leur bonne foi.

Ingratitude — Tout le monde sait que Louis-Philippe doit sa couronne aux hommes de juillet, au peuple, à la jeunesse, à Laffitte, Lafayette et Dupont (de l'Eure); tout le monde connaît aussi comment ils ont été d'abord caressés, embrassés, vantés, puis insultés, calomniés, repoussés et presque proscrits : y eût-il jamais plus d'ingratitude? et les ministres qui rendent ainsi la révolution ingrate ne sont-ils pas traîtres envers elle?

Tel est le système doctrinaire pour l'intérieur, c'est-à-dire, pour la *constitution*, la *législation* et l'*administration*.

Ce système, dit le président du conseil, c'est la *charte* (qui n'empêche rien de ce que nous venons de signaler): ne serait-il pas plus vrai de dire : c'est la *quasi-légitimité*, la *quasi-restauration*, et la *contre-révolution*?

Voyons maintenant ce système pour l'EXTÉRIEUR.

§ 2. — EXTÉRIEUR.

Qu'on passe en revue tous les peuples de l'Europe ; qu'on examine leurs mouvemens depuis dix ans et leurs agitations actuelles ou récentes, et l'on verra que, avant nos immortelles journées, presque tous étaient en travail pour la liberté.

Aussi tous applaudirent-ils à l'expulsion des Bourbons ; tous étaient disposés à suivre notre exemple plutôt qu'à nous attaquer.

L'ouvrier de Paris, l'étudiant, l'élève de l'école polytechnique, le garde national étaient un objet d'admiration pour les ouvriers, les étudians, les jeunes guerriers et les gardes civiques de tous les pays.

Le peuple anglais surtout fit éclater, à l'instant, son enthousiasme pour le peuple français : des souscriptions pour les blessés de juillet, des députations, des adresses de félicitations couvertes de plus de trois millions de signatures attestèrent la sympathie de l'une des deux premières nations du monde ; et si quelque ambassadeur digne de la France et de la Grande-Bretagne était venu notifier à Londres la révolution française, plus de 300,000 patriotes anglais seraient allés à sa rencontre pour l'y faire entrer en triomphe, sous une voute de pavillons tricolores et britanniques.

Cet élan de la nation anglaise décidait du sort de la liberté, car le gouvernement et l'aristocratie étaient obligés de céder au vœu populaire ; et, sans l'appui de l'Angleterre, l'Autriche et la Russie ne pouvaient avoir qu'une haine impuissante.

La France devait donc reprendre, à l'instant, ses anciennes limites : la Belgique s'offrait ; le peuple anglais y consentait ; Wellington lui-même y donnait son adhésion ; et, quand plus tard ce même Wellington osa parler du maintien des traités de 1814 et 1815, c'est-à-dire, du rétablissement de Charles X, le peuple le poursuivit de ses sifflets et de ses imprécations, le força de quitter le ministère, et menaça de refuser l'impôt si l'on voulait faire la guerre à la France : aucune puissance n'aurait donc attaqué celle-ci.

Si l'on ne voulait pas reprendre ou plutôt accepter nos anciennes frontières, il fallait du moins se porter sur nos frontières actuelles, et se préparer à les défendre!

Pourquoi ne l'a-t-on pas fait ? est-ce parce qu'on craignait d'alarmer les rois et de les mettre dans la nécessité de nous faire la guerre ?

La Prusse, et surtout l'Autriche et la Russie, étaient disposées à nous attaquer : par conséquent il n'y avait rien à ménager avec elles.

Elles ne pouvaient rien entreprendre sans l'Angleterre, et celle-ci repoussait toute coalition.

D'ailleurs, les rois étrangers n'étaient pas prêts pour une attaque immédiate, dont au surplus nous étions garantis par la sympathie des peuples.

Enfin s'ils nous avaient attaqués, nous nous serions défendus, et nous venons de démontrer que toutes les chances étaient pour nous. Notre première révolution n'est-elle pas la preuve que la France peut résister à l'Europe entière ?... Et la victoire des barricades, qui semblait donner aux vainqueurs une taille de géans, n'était-elle pas, dans tous les esprits, le gage certain de victoires nouvelles ?

Du reste, si l'on ne voulait pas faire de préparatifs, il ne fallait pas souffrir que les despotes se préparassent.

Se résigner à leur agression sans vouloir se défendre, c'était un suicide ; croire que leurs armemens n'étaient que défensifs, et que, quand ils seraient prêts, ils ne nous attaqueraient pas quoi qu'ils nous vissent désarmés, c'était de la démence ; enfin, redouter la guerre et vouloir l'éviter à tout prix, c'était plus que de la faiblesse, c'était de la lâcheté.

Mais non, ce ne sont pas seulement les rois qui faisaient peur à la *Camarilla* ; elle avait un autre effroi, et cet effroi c'était les *conséquences* de la révolution.

Nous l'avons vu, la *Camarilla* voulait la quasi-restauration et la quasi-légitimité: par conséquent c'était pour elle une impérieuse nécessité de comprimer l'élan national vers l'indépendance et l'honneur du pays, parce que, si l'on n'eut pas arrêté cet élan, il n'aurait plus été possible de comprimer la liberté. Tout sacrifier pour conserver la paix, était donc une conséquence forcée du principe adopté en faveur de la contre-révolution.

Il y a plus : au lieu de s'appuyer sur la nation contre les rois, ce fut alors une nécessité de s'appuyer sur les rois contre la nation; ce fut une nécessité de leur dire : « vous « craignez la guerre, mais nous la craignons encore plus « que vous ; vous désirez étouffer la révolution française, « mais nous le désirons au moins autant que vous ; puisque « nous avons le même intérêt, unissons nos efforts pour « comprimer la France et les peuples. » Et quand les rois, enhardis par cette lâcheté de la *Camarilla*, et se promettant bien de l'exploiter à leur profit, crurent pouvoir simuler des inquiétudes et se montrer exigeans, ce fut également une nécessité de leur montrer une confiance absolue, de leur donner toutes les garanties qu'ils pouvaient désirer, de leur faire toutes les concessions qu'ils disaient nécessaires, de souffrir leurs armemens sans se préparer sérieusement soi-même, en un mot de mettre pour ainsi dire la France à leur discrétion.

Et comme le peuple n'aurait pas toléré cette espèce de trahison, c'était encore une nécessité de paraître écouter d'abord ses vœux, de lui parler souvent de préparatifs de guerre, d'indépendance, d'honneur, de dignité, de protection pour les autres peuples, mais de se concerter avec les rois pour tromper les nations en pratiquant encore ici l'abominable système de ruses, de mensonges et de perfidies.

Aussi, voyons les faits.

Dès les premiers jours, c'est par l'ambassadeur anglais à Paris (Lord Stuart) (1), que la *Camarilla* correspond avec le gouvernement anglais; elle annonce l'intention de com-

(1) Et cet ambassadeur reste long-temps à Paris, quoiqu'il y ait un autre ambassadeur ostensible. Il y a donc une double diplomatie anglaise en action, comme l'a très-bien fait connaître Napoléon.

primer la révolution et le désir d'être secondée dans cette entreprise ; elle indique le moyen ; elle demande que le cabinet de Saint-James lui fasse déclarer qu'il ne reconnaîtra Louis-Philippe qu'à la condition *que la France se donnera des institutions qui ne soient pas trop en désaccord avec celles des autres pays de l'Europe.*

L'aristocratie anglaise est étonnée, mais consent avec empressement à favoriser une intrigue si conforme à ses intérêts, et la *Camarilla* répète partout : *Soyons modérés, soyons sages, car autrement l'Angleterre ne nous reconnaîtrait pas et nous déclarerait la guerre.*

Dès le 5 août, les patriotes anglais amis de la France, et des Français résidant à Londres, écrivent journellement et pressent pour qu'on envoie *sans retard* un ambassadeur en Angleterre, afin que le gouvernement, entraîné par le premier mouvement de l'enthousiasme populaire, reconnaisse la révolution immédiatement et sans condition, ce qui doit entraîner la reconnaissance pure et simple de toutes les autres puissances. Mais malgré l'urgence évidente, ce n'est que le 26 septembre que l'ambassadeur de la *Camarilla* arrive à Londres, comme si l'on voulait à la fois attendre que l'enthousiasme du peuple anglais fut éteint, et persuader à la France que la reconnaissance de l'Angleterre est incertaine et qu'il faut être très modéré afin de l'obtenir.

Les mêmes patriotes anglais et français demandent qu'on envoie un *maréchal de France*, Macdonald ou Mortier, ou bien une députation de *gardes nationaux et d'élèves de l'école polytechnique*, parce qu'on sait que ce sont eux dont la présence excitera au plus haut point l'enthousiasme public : mais la *Camarilla* choisit l'homme le plus suspect et le plus impopulaire en Europe, Talleyrand, dont le choix paraît aux Anglais une insulte et paralyse leurs dispositions bienveillantes.

La Camarilla Talleyrand-Doctrinaire, mendiant la *reconnaissance* des despotes en faveur de la révolution et de son élu, semble leur demander grâce pour elle et pour lui. Elle supporte lâchement, malgré l'indignation nationale, le blâme et la menace de l'autocrate des Russies.

Bien plus : Talleyrand propose à Londres son système de *quasi-restauration* et de *quasi-légitimité*.

Les rois préféreraient sans doute pouvoir commencer la guerre et rétablir la légitimité pure avec Charles X ou Henri V ; peut-être même sont-ils plus irrités contre le duc d'Orléans personnellement qu'ils ne le seraient contre tout autre usurpateur, parce que l'usurpation d'un prince du sang peut avoir plus facilement des imitateurs et menace davantage tous les trônes : mais puisque le gouvernement français veut bien s'engager à comprimer la révolution, on dissimule, on l'aide, on ajourne, on attend que la révolution soit comprimée et la France affaiblie.

La Sainte-Alliance renaît donc, et le trop fameux congrès de Vienne se rétablit à Londres sous le nom moins alarmant de *conférence*.

Quoique les despotes de Russie, de Prusse et d'Autriche soient nécessairement hostiles à la révolution française, quoiqu'on sache bien qu'ils ont, dès la première annonce de cette révolution, sollicité l'Angleterre à se coaliser avec eux pour l'attaquer, quoiqu'on sache bien aussi que l'aristocratie anglaise s'y trouve nécessairement disposée, la France est soumise à la majorité des votes et par conséquent à la discrétion de ces quatre puissances ennemies.

Les traités oppresseurs de 1814 et 1815 sont ratifiés ; et si l'on y fait quelque modification, c'est uniquement en faveur de Louis-Philippe, substitué à Charles X dont le trône avait été garanti : mais Louis-Philippe devient membre de la Sainte-Alliance ; son ambassadeur y traite pour lui comme il y traitait pour Louis XVIII, et comme il le ferait pour Charles X ou pour Henri V ; il y dispose de la France, comme s'il la possédait par droit divin, sans son consentement, et même sans qu'elle en ait connaissance.

Désormais c'est de concert avec la sainte-alliance, et comme son agent, que la *Camarilla* va travailler.

Pour plaire à ses alliés, elle entreprend de sauver les ministres de la restauration, au risque d'exposer le trône lui-même.

C'est dans leur intérêt commun qu'elle s'efforce, par tous

les moyens, d'étouffer l'esprit de liberté et l'esprit d'indépendance.

Les bons citoyens demandent-ils qu'on se prépare à *se défendre* en cas d'attaque, ses orateurs et ses journaux affirment qu'on veut la guerre pour le plaisir de la guerre, ou pour avoir des plumets et des épaulettes, ou pour accomplir des projets anarchiques : si des voix généreuses demandent qu'on protége les peuples invoquant notre nom, on crie à la propagande de la convention, à l'ambition des conquêtes; on dit que nous voulons imposer notre liberté et nos lois aux autres peuples et porter nos armes jusqu'aux extrémités de la terre : au lieu de cacher ou d'excuser, comme devrait le faire un gouvernement national et paternel, quelques désordres inséparables d'une grande révolution et d'ailleurs provoqués par les fautes du pouvoir, nos ministres nous traitent avec autant de malveillance que pourraient le faire des ministres autrichiens ou russes; ils semblent prendre plaisir à publier et exagérer ces désordres, même à supposer des excès, et à signaler le peuple français comme un ramas de factieux, d'anarchistes, de pillards et d'impies, toujours prêts à troubler la paix du monde, ne méritant que le mépris et la haine des peuples et des rois.

On souffre que l'Europe double et triple ses armemens et poste sur nos frontières ses armées prêtes à les franchir; mais on ne fait, pour nous défendre, que des simulacres de préparatifs; on n'organise la garde nationale que pour contenir les mécontens, et nullement pour repousser l'invasion.

On nous cache les projets hostiles du ministère Wellington.

On nous cache même les préparatifs des Russes contre la France; et quand la tribune nationale en présente les preuves, on nie, on nous trompe; car on avoue maintenant que c'est l'insurrection polonaise qui a arrêté l'aggression de la Russie.

On ne se contente pas de compromettre l'honneur et l'indépendance de la France; on abandonne, on trahit même et l'on opprime ses amis et ses alliés : voyons.

Espagne-Portugal. — La *Camarilla* entre en négociation avec Mina et les réfugiés Espagnols et Portugais, qui lui offrent, pour le duc de Nemours, dona Maria et le trône d'Espagne et de Portugal. Elle accepte ou feint d'accepter; favorise d'abord les réfugiés Espagnols; leur fait délivrer des feuilles de route, des armes et de l'argent; autorise des hommes de juillet à les accompagner pour les aider à délivrer la Péninsule; les laisse traverser la France en troupe, avec des chefs et le drapeau tricolore; mais l'ambassadeur d'Espagne se plaint, et la *Camarilla*, qui n'a pu manquer de prévoir ses plaintes, recule après s'être avancée, désavoue ces malheureux, les fait écraser par les troupes de Ferdinand, fait arrêter leurs débris sur la frontière, les fait même emprisonner et maltraiter: plus tard elle a le courage d'accuser l'opposition de les avoir excités à partir et d'être cause de tous leurs malheurs!

Belgique. — La Belgique était préparée, quand l'expulsion de Charles X et l'entêtement de Guillaume lui donnèrent le signal pour expulser les Hollandais.

Son désir intime était de se réunir à la France ou de se constituer en république indépendante, sous la protection des Français.

Quand la Prusse voulut intervenir en faveur de Guillaume et faire entrer une armée prussienne en Belgique, Louis-Philippe menaça d'y faire entrer en même temps une armée française; et, quoiqu'il n'en eut point alors, cette menace suffit pour arrêter 75,000 Prussiens, tant est puissant le roi de France, quand ses ministres veulent être français!

Mais Talleyrand arrive à Londres; la Sainte-Alliance est formée; et, sous prétexte de protéger la Belgique, elle intervient en masse pour l'opprimer et la perdre.

On veut d'abord lui imposer une *quasi-restauration* avec le prince d'Orange, et la *Camarilla* y consent elle-même, parce qu'elle redoute l'exemple d'une république plus encore que celui d'une restauration : mais, pure encore du contact de la diplomatie, la Belgique s'indigne, déchire les protocoles, brave la Sainte-Alliance, et proclame l'exclusion perpétuelle des Nassau. Au lieu de la brusquer, on paraît céder et l'on ajourne, attendant que le temps et la diplomatie l'aient divisée et corompue. Quand elle veut se constituer en république, on lui prescrit la monarchie; quand elle demande le duc de Nemours, le Palais-Royal le lui refuse; quand elle veut élire un prince de la famille Napoléon, le ministère de Louis-Philippe lui offre le prince refusé d'abord; mais quand le duc de Nemours est élu, l'Angleterre murmure, et Sébastiani refuse la couronne qu'il a sollicitée pour lui. Il propose un prince napolitain, auquel on donnerait une princesse française; mais la Belgique rejette et s'irrite contre tant de déceptions de la France. Lord Ponsomby organise alors une conspiration en faveur du prince d'Orange afin d'effrayer Louis-Philippe et d'obtenir son consentement à l'élection de Léopold, qu'il sait bien faire élire et couronner. La Prusse, la Russie et l'Autriche n'osent pas lutter contre l'Angleterre et la France; mais elles dissimulent, évitent de reconnaître Léopold, conservent à Guillaume son titre de roi des Pays-Bas, et ne renoncent pas au projet de rétablir le prince d'Orange, de concert avec l'Angleterre elle-même qui ne veut que soustraire la Belgique à la domination française.

Cependant, comment Guillaume pourra-t-il attaquer, puis qu'un *armistice* le lui interdit? Comment la Sainte-Alliance pourra-t-elle le souffrir, puis qu'elle a *garanti l'indépendance et la neutralité* de la Belgique? Mais les rois connaissent-ils aucun frein? l'armistice, l'indépendance, la neutralité, les engagemens solennels, tout sera violé.

La Prusse, l'Autriche et la Russie autorisent et même excitent Guillaume à se préparer et à tenter l'entreprise, sachant bien que le succès justifierait la perfidie, et que, quand le vainqueur serait à Bruxelles, proclamé par les acclamations de son parti, on ne serait pas embarrassé pour trouver des raisons et des motifs pour légitimer sa restauration. On espère que le ministère français, qui toujours a reculé devant la guerre, n'osera pas secourir les Belges ou n'arrivera que trop tard. On espère aussi que, quand la restauration sera consommée, ce ministère n'osera jamais attaquer les Prussiens, les Russes et les Autrichiens qui s'en déclareraient les défenseurs.

Les gouvernemens Belge, Anglais et Français n'ignorent pas les préparatifs de Guillaume, et cependant la Belgique est laissée sans défense ; elle est trahie : on veut humilier les Belges et leur révolution, pour les rendre plus faciles à traiter avec la Hollande ; ou bien on veut faire croire que la Belgique ne peut rester indépendante, et que son partage entre trois ou quatre puissances est absolument indispensable.

L'intrigue et la diplomatie parviennent bientôt à jeter dans les divisions, la désorganisation et le chaos ce peuple trop malheureux et trop confiant ; et, quand les Hollandais, qu'il a expulsés et qu'il devrait toujours vaincre, le surprennent endormi et sans défense, ses plus braves citoyens, courant au devant de l'ennemi, en désordre, sans armes, ni munitions, ni vivres, ne peuvent que se faire écraser : Léopold lui-même va tomber aux mains du vainqueur ; Bruxelles va voir une restauration ; et peut-être les forteresses de la Sainte-Alliance vont recevoir les Hollandais.

Mais Léopold demande du secours à Louis-Philippe ; quelques régimens français entrent précipitamment, et les Hollandais se retirent. Mais abandonnerons-nous la Belgique à une nouvelle attaque de Guillaume qui continue ses préparatifs ? Nos soldats vont-ils repasser nos frontières ? Hé, oui ! la Sainte-Alliance l'ordonne, et le ministère français recule encore devant la crainte de la guerre, si toutefois tout cela n'est pas une comédie...!

Après avoir fait sonner bien haut le peu de hardiesse qu'il semble avoir montré ; après avoir annoncé qu'il ne sortirait que quand la Belgique serait en sûreté ; après avoir fait tracer un camp pour y passer l'hiver, il sort honteusement devant de nouveaux protocoles qui livrent les Belges à la restauration...!

Que d'inconséquences, que de folies, que de coupables concessions, et que de lâchetés ! !

Quoi ! Napoléon a préféré descendre du trône plutôt

que d'abandonner la Belgique ; c'est principalemsnt pour l'avoir abandonnée que la branche aînée des Bourbons était en horreur à la France ; c'est afin de conquérir quelque popularité que Martignac avait résolu d'accorder son alliance à la Russie qui la payait en nous rendant nos anciennes frontières ; Polignac bravait les tempêtes et l'Angleterre pour aller conquérir Alger ; et le ministère de la branche cadette, de l'élu de la révolution de juillet, *refuse* la Belgique offerte par les Belges eux-mêmes ! il la donne à l'Angleterre ! à l'Angleterre qui la convoite depuis des siècles ! qui viendra, quand il lui plaira, placer sentinelle à nos portes !...

Les forteresses qui peuvent nous favoriser seront démolies ; mais celles que la *sainte-alliance* a construites *contre nous*, avec *notre milliard* de 1815, continueront à nous menacer ! Car c'est la Prusse, la Russie, l'Autriche et l'Angleterre, qui seules désigneront celles à démolir et celles à conserver ! Ces puissances, qui ont tant d'amitié pour notre roi, ne lui feront pas même la politesse de l'admettre à leur délibération ! Elles lui diront obligeamment qu'elles ne veulent pas voir s'écrouler *le système élevé contre la France*, LA FORCE OFFENSIVE *créée contre celle-ci*(1) !

Il n'y avait peut-être pas de cause nécessaire de guerre entre l'Angleterre et la France ; et, pour éviter une simple crainte de guerre, nous créons peut-être une cause éternelle de discorde entre les deux nations !

Nous cédons tout pour conserver la paix ; et en marchant contre Guillaume nous nous exposons à la guerre universelle ! et en lançant rapidement quelques régimens

---

(1) DISCOURS DE SÉBASTIANI. — 19 septembre 1831, *Moniteur du* 20.

« Le royaume des Pays-Bas avait été *créé en hostilité contre la France*. « Toute l'Europe y avait concouru. Après avoir créé, *sur nos frontières*, un « royaume de 6 millions d'habitans, elle le *couvrit de places fortes*, avec le « produit des *contributions que* la France avait été obligée de supporter.

« La révolution de la Belgique produisit à St-Pétersbourg une grande im- « pression. Cette cour vit le système *élevé contre nous s'écrouler* : le royaume « des Pays-Bas disparaissait, et avec lui *la force offensive créé contre la* « *France*.

isolés, nous nous exposons à la honte de voir nos soldats battus par des Hollandais ou refoulés jusques sur nos frontières ! et tout cela pour conserver la Belgique à Cobourg et à l'Angleterre, après avoir refusé nous-mêmes cette Belgique pour éviter la guerre ! !

Vit-on jamais tant de démence ou de trahison !

Italie. — On aura peine à croire les infâmies dont a été victime cette antique reine du monde, ce glorieux berceau des sciences, des arts, des lettres et de la civilisation, ce peuple généreux qui fait tant d'efforts pour recouvrer sa liberté.

Depuis long-tems l'Italie est organisée et préparée pour secouer le joug des nombreux despotes qui l'oppriment; depuis long-temps, le duc de Modène aspire à la couronne d'Italie et prépare lui-même, de concert avec quelques patriotes italiens, une insurrection générale et patriotique.

La révolution française lui donnant l'espérance de trouver un appui dans le roi qu'elle a enfanté, il communique ses projets à la *Camarilla*.

Elle paraît approuver, et demande néanmoins l'ajournement.

Cependant, l'ambassadeur français, M. de Praslin, vient à Modène pour obtenir la reconnaissance du duc, et repart quelques heures après sans avoir rien demandé, et sans avoir voulu parler au duc lui-même.

Le duc, éclairé par cette démarche bizarre, sachant d'ailleurs que le gouvernement français ratifie les traités de 1814, et connaissant l'humilité de ses dépêches à l'empereur d'Autriche (plus humbles encore, dit-on, que celles à Nicolas), renonce à ses projets.

Les patriotes, convaincus que l'intérêt de la France est de protéger l'Italie contre l'Autriche, n'en persévèrent pas moins dans leur résolution, et l'insurrection se prépare toujours, dans l'intérêt de la liberté.

Mais la *Camarilla* abusant des confidences qu'elle a reçues, vend ce secret à l'Autriche pour obtenir sa reconnaissance, et consent à ce qu'elle s'apprête à étouffer l'insurrection.

Cependant il faut tromper les peuples ; il faut paraître les approuver et les encourager.

La *Camarilla* fait proclamer solennellement le principe de *non-intervention*. Le président du conseil, le ministre de la guerre, M. Dupin lui-même, déclarent, à la tribune, à la face du monde, que *la France ne permettra pas que ce principe soit violé*. Sébastiani, répondant aux questions adressées par Lafayette, au nom des patriotes italiens, répète solennellement *qu'on saura faire respecter ce principe* (1). Et quand, en un jour, Modène, Parme et la

---

(1) DISCOURS DE M. LAFFITTE, PRÉSIDENT DU CONSEIL. — 1er décembre 1830. — *Moniteur du* 20.

« La France *ne permettra pas que le principe de non-intervention soit violé.*
« (Bravo, bravo!... Applaudissemens prolongés.) »

DISCOURS DE M. DUPIN. — 6 décembre 1830. — *Moniteur du* 8.

« Une phrase a frappé généralement : elle exprime la véritable situation « d'un gouvernement sincère et généreux ; c'est celle qu'on a remarquée dans « le discours du Président du Conseil. Non seulement il a pesé *en principe* « que la France ne voulait pas intervenir, mais *qu'elle ne souffrirait pas* « *d'intervention.*

« La France, en se renfermant dans son *froid égoïsme*, aurait pu dire « qu'elle *n'interviendrait pas ;* cela pouvait être une *lâcheté ;* mais dire qu'*elle* « *ne souffrira pas qu'on n'intervienne, c'est la plus noble attitude que puisse* « *prendre un peuple fort et généreux*. (Très bien, très bien.) C'est dire, « non seulement je n'attaquerai pas, je n'irai pas troubler les autres peuples ; « *mais moi, France, dont la voix doit être entendue dans l'Europe et dans* « *le monde entier, je ne permettrai pas que les autres interviennent.* C'est là le « langage qu'a tenu le ministère, c'est celui qu'ont tenu les ambassadeurs de « Louis-Philippe, c'est *celui que soutiendrait l'armée, la garde nationale, la* « *France entière.* (Bravo, bravo!) »

MARÉCHAL SOULT. — Chambre des Pairs, 8 décembre. — *Moniteur du* 9.

« Nous avons l'*inébranlable volonté* de maintenir *ces principes immuables* « sur lesquels repose l'indépendance des peuples. La non-intervention est dé- « sormais *notre principe*. Nous le respecterons religieusement sans doute ; « *mais à la condition essentielle qu'il sera respecté par les autres.* C'est pour « arriver plus sûrement à ce résultat que nous venons réclamer votre con- « cours.

DISCOURS DU GÉNÉRAL LAFAYETTE. — 20 septembre 1831. — *Moniteur du* 21.

Il est vrai que des patriotes italiens sont venus me trouver et me demander *s'ils devaient avoir confiance dans les promesses de notre gouvernement.* Je

Romagne, déterminées par cette réponse, se sont affranchies, sans résistance, on paraît applaudir, on proclame encore ce même principe, on le fait proclamer par ses journaux (1), on avance même aux réfugiés leur solde pour les aider à courir défendre leur patrie, on tolère que les Piémontais s'organisent presque ouvertement à Lyon et que des gardes nationaux les accompagnent. —Mais bientôt tout change; comme si l'on avait voulu tendre un piége à ces peuples trop confians; on les abandonne; on se retracte; on ne sait plus faire respecter le principe proclamé si souvent, si solennelle-

---

leur ai répondu : *Je n'en sais rien.* On voit que déjà ma confiance n'était pas trop entière dans notre gouvernement.

Trois fois j'ai demandé à la tribune, en face de la Chambre, si le système de non-intervention était celui que le ministère adoptait, et vous vous rappelez que chaque fois j'ai *obtenu sur ce point l'assentiment de tous les membres de la Chambre* et DU MINISTÈRE.

DISCOURS DE M. SÉBATIANI, ministre des affaires étrangères. — 27 janvier. — *Moniteur du* 28.

« La Sainte-Alliance reposait sur le principe de l'intervention, destructif « de l'indépendance de tous *les Etats secondaires.*

« Le principe contraire, *que nous avons consacré*, *que nous saurons faire* « *respecter, assure l'indépendance et la liberté de tous.* »

(1) Débats du 1er mars :

« Mais le principe de non-intervention attend aujourd'hui une nouvelle et plus sérieuse application. »

« Des secours ont été demandés au gouvernement autrichien par les souverains dépossédés de plusieurs États d'Italie. On parle de traité de reversibilité, de stipulations, de contingent, qui obligeraient la cour de Vienne à se prêter à *ces exigences*, et il est hors de doute qu'un mouvement de troupes est commencé dans le royaume Lombardo-Vénitien, vers les frontières de Modène, de Parme et de la Romagne. »

« Ici encore *il n'y a pas deux partis a prendre pour le gouvernement français.* La présence d'*un seul régiment autrichien* sur le territoire d'une de ces provinces est une *violation flagrante du principe* de la non-intervention. *La France ne peut y consentir.*

« C'est ici plus qu'une question d'équilibre ou de prépondérance; *c'est l'avenir tout entier de notre révolution !...*

« Songeons qu'*elle ne vit en Europe que du maintien du principe* qu'elle a proclamé la première, et que les autres puissances ont proclamé après elle. Elle n'a pas cherché sa force dans les accroissemens de territoire, elle l'a trouvée dans le respect pour l'indépendance des autres nations. »

« *Une seule atteinte portée à ce respect, et* LA FRANCE S'EXPOSE A PERDRE L'ESTIME ET LA CONFIANCE DE L'EUROPE. »

ment et avec tant de jactance; on souffre que l'Autriche intervienne à Parme, à Modène, en Romagne! Que dis-je, on l'approuve secrètement, on l'aide même; car on fait arrêter, en violation du droit des gens, les Italiens qu'on a laissés se préparer! On fait dire que la France doit être *un appui pour les gouvernemens d'Italie!* Et, comme le président du conseil, M. Laffitte, pourrait vouloir s'opposer à l'invasion, Sébastiani lui cache, pendant quatre jours, l'annonce de l'entrée des Autrichiens! Et l'Italie, la généreuse Italie succombe sous la sainte-alliance qui l'opprime! Et quand la tribune nationale, rappelant au ministère sa promesse solennelle (qu'il *saurait* faire respecter le principe de non-intervention), l'accuse de ne pas s'opposer à l'intervention autrichienne, Sébastiani a le courage de répondre qu'il a promis seulement *de ne pas consentir*, et que *ne pas consentir* ne signifie pas *s'opposer!* Qu'il n'a pas consenti à l'invasion, qu'il n'y consent pas encore, qu'il négocie pour obtenir l'évacuation, et que par conséquent il est fidèle à ses engagemens!!!

Cependant le ministère prend part à l'oppression; traite les Italiens de *coupables rebelles;* et, donnant au roi de juillet le titre que portait Charles X de *roi très-chrétien*, il intervient lui-même pour perpétuer, en l'honneur de la religion, la servitude du peuple et le despotisme du PAPE! Et quand, après quatre mois, l'occupation autrichienne a produit tous ses effets; quand la révolution est étouffée; quand l'Autriche et la sainte-alliance jugent convenable d'évacuer; le ministère français, qui a permis l'invasion, ne craint pas de se faire un mérite d'avoir obtenu l'évacuation! Après avoir trahi et perdu les Italiens; après leur avoir enlevé leurs nouvelles institutions nationales, remplacées par je ne sais quelles prétendues concessions *octroyées;* après avoir souffert que Menotti fût pendu, et qu'une foule de patriotes fussent persécutés, il ose se dire le *bienfaiteur* de l'Italie; il menace de sa colère et de celle de ses alliés toute nouvelle insurrection que le désespoir produirait! Et si son outrageante pitié ne refuse pas un asile et du pain à de malheureux proscrits, c'est par l'humiliation d'une aumône et l'infamie d'une rétractation politique qu'il prétend les leur faire acheter !

Et non seulement il expose ainsi la France au mépris et à la haine des peuples, mais il condamne sa propre révolution de juillet, mais il la trahit elle-même en abandonnant toute l'Italie à l'influence et à la domination de l'Autriche ! !

Pologne. — Et la Pologne, notre constante amie, que Louis XV n'a pu laisser partager sans se déshonorer, que Napoléon n'a pu délaisser sans périr; cette Pologne qui toujours a versé son sang pour la France, partageant nos revers et nos triomphes; cette généreuse alliée qui s'est dévouée pour arrêter la Russie s'élançant contre nous, et à qui nous devons peut-être notre salut, ou du moins la paix jusqu'à ce jour; cette nation de héros qui brave le colosse du nord pour réconquérir son indépendance et pour sauver la liberté et la civilisation; la *Camarilla* consent à son extermination ! Sourd aux cris des Français comme aux cris de tous les peuples, indifférent à la flétrissure de l'histoire, le gouvernemement sorti des barricades la laisse exterminer, c'est-à-dire laisse assassiner et déshonorer la France elle-même !

Et l'on ose parler de dignité, d'honneur, de patriotisme !

Et parce qu'après une insulte long-temps tolérée, le tyranneau du Portugal, se riant des menaces qu'il avait vues tant de fois sans effet, s'est enfin résigné devant une flotte française prête à foudroyer sa capitale, le ministère se glorifie de ce prodige de force et de courage, quand il devrait rougir au contraire de ce que le drapeau tricolore, n'inspirant aucune confiance aux patriotes Portugais, n'a servi de signal qu'aux absolutistes pour les égorger.

Mais la Pologne est trop loin, dit-on ; il aurait fallu déclarer la guerre à l'Europe ; et cette guerre, précipitant la Prusse et l'Autriche contre les Polonais, aurait été la cause de leur perte.

Hé ! si l'on s'était préparé dès le principe, on aurait pu parler haut, puis déclarer la guerre. Attaquées chez elles, la Prusse et l'Autriche n'auraient pu combattre la Pologne;

menacée par la Perse et la Turquie, la Russie n'aurait pu que se défendre ; jamais guerre entreprise par la France n'aurait été plus sacrée ; tous les peuples auraient aplaudi ; les Hongrois seraient accourus ; la Pologne aurait redoublé de courage et d'énergie ; la liberté et la civilisation auraient été sauvées avec elle ! Et si la France tant menacée maintenant doit périr, ne valait-il pas mieux qu'elle pérît en défendant honorablement la plus sainte des causes ! Et si la Pologne doit périr elle-même dans une longue agonie, ne valait-il pas mieux courir les chances d'une crise qui pouvait la conserver !

Mais non, tout est mensonge : la sympathie dont la *Camarilla* parle tant pour les Polonais n'est qu'une hypocrisie ; sa prétendue médiation (dont l'innéficacité d'ailleurs prouve jusqu'à quel dégré d'impuissance et de mépris on a rabaissé la France) n'est qu'une fable honteuse, imaginée pour calmer l'irritation populaire : elle a formellement promis qu'elle n'interviendrait jamais en faveur de la Pologne ; elle a voulu la sacrifier à la Russie, comme elle a voulu sacrifier l'Italie à l'Autriche et la Belgique à l'Angleterre ; elle les a sacrifiées par une stupide lâcheté, ou par une stupide confiance, ou plutôt parce que, membre de la Sainte-Alliance, elle veut à tout prix étouffer la révolution : oui, Sébastiani l'a dit, on avait peine à le croire, mais les faits le prouvent, le gouvernement français était irrité de l'exclusion prononcée par les Polonais contre l'autocrate et sa famille ; autant que lui et plus peut-être, il désirait que ses armes triomphassent ; la résistance des Polonais le fatiguait et l'embarrassait ; il préférait qu'ils capitulassent, parce qu'il craignait la colère du peuple s'ils périssaient ; mais il consentait à leur ruine et à leur extermination ; il avait signé leur arrêt de mort ; et sa prophétie était aussi certaine que sacrilége quand il disait : *La Pologne est destinée à périr.*

Il y a plus : les promesses de notre diplomatie ont endormi et paralysé, comme à dessein, l'ardeur des guerriers polonais ; et les derniers cris de la Pologne expirante disaient à nos ministres : *Ingrats, vous m'avez abandonnée ! Perfides, vous m'avez trompée et trahie !*

Et voilà ce qu'on appelle un système de paix!

Oui c'est la paix, mais la paix sans indépendance et sans liberté; c'est la paix dans la boue, avec la misère et la ruine, avec la trahison contre la France, l'Italie, la Pologne et la Belgique, avec la guerre un peu plus tard et cent fois plus périlleuse.

Voilà donc ce fameux système intérieur et extérieur, *la Charte et la paix*!

QU'A-T-IL PRODUIT?

L'oppression de nos alliés, le découragement des peuples amis, l'affaiblissement de la France, des divisions intestines, une épouvantable confusion, une misère plus effrayante encore, des dangers manifestes, d'insupportables inquiétudes, une irrésistible défiance, un mécontentement général, enfin une irritation concentrée, plus terrible que celles qu'excitaient Polignac et la restauration; oui plus terrible, parce que Polignac et la restauration n'avaient pas été choisis par nous; parce qu'ils ne s'étaient pas présentés comme nos amis; parce qu'ils ne nous ont pas ravi les espérances de la plus admirable des révolutions!!!.. parce que la violence irrite moins que la perfidie; parce qu'ils nous ont fait moins de mal et nous ont exposés à moins de dangers!...

Cet effrayant résultat n'est-il pas la condamnation du système?

Y persévérer, ne serait-ce pas vouloir la perte du pays?

TROISIÈME PARTIE.

SITUATION PRÉSENTE. — DANGER. — REMÈDE. — URGENCE.

La guerre est inévitable.

L'intérêt est le guide des peuples comme des rois, et des rois comme des peuples; et de même que les despotes sont intéressés à voir le despotisme s'établir partout, de même les peuples libres doivent désirer que la liberté triomphe chez les nations asservies! Tel est incontestablement l'intérêt de la France : si son élan n'avait pas été comprimé par son gouvernement, elle aurait favorisé l'affranchissement de tous les peuples; et, dès que son gouvernement redeviendra national, elle le voudra nécessairement, car c'est la loi de sa conservation.

C'est en vain qu'on voudrait le dissimuler, et il n'y a nul inconvénient à le dire hautement, car les rois le savent tout aussi bien que nous; ils savent aussi que les autres peuples ont tous une tendance irrésistible vers la liberté : en un mot ils connaissent parfaitement le danger qui les menace.

Le seul exemple de la révolution française a entraîné les révolutions de Belgique, de Suisse, de Pologne, d'Italie, et de plusieurs états d'Allemagne : qui peut douter que beaucoup d'autres pays n'aient été et ne soient encore disposés à suivre cet exemple? Plus il y a de révolutions faites, plus sont faciles celles qui restent à faire.

Par cela seul qu'elle existe, et quand même elle ne porterait pas ses armes au-delà de ses frontières, la révolution française enfante donc les révolutions et met en péril tous les trônes absolus; par sa seule puissance morale elle est une véritable *déclaration de guerre* aux gouvernemens despotiques; et plus elle est sage, forte, généreuse, plus les rois doivent désirer la détruire.

Anéantir ou tolérer cette révolution, c'est donc pour les rois une *question de vie ou de mort*, et l'intérêt de leur salut, comme une espèce de *fatalité*, les condamne à l'attaquer.

Attaquer injustement la France malgré la sympathie de tous les peuples pour elle, c'est sans doute s'exposer à sa propre perte; mais la laisser en paix poursuivre les conséquences de sa révolution, c'est se résigner à une perte plus certaine encore.

Quelque peu de chances que la guerre puisse avoir pour les rois, elle en a donc plus encore que la paix, et par conséquent la guerre est pour eux une impérieuse nécessité.

Aussi l'attaque contre la France est-elle depuis long-temps résolue : depuis long-temps il n'y a plus de question que pour l'époque, les moyens et l'appui qu'on cherchera dans les ruses de la diplomatie.

Les faits confirment encore ici le raisonnement fondé sur la nature des choses.

Les rois, en effet, n'ont-ils pas toujours attaqué les révolutions populaires, la révolution française de 1789, et les révolutions de Naples, de Piémont, d'Espagne et de Portugal?

La sainte-alliance d'aujourd'hui ne vient-elle pas d'attaquer les révolutions de Belgique, de Pologne et d'Italie?

Toujours armée sous la restauration, n'a-t-elle pas doublé ses *armemens*, ne les continue-t-elle pas encore?

Dira-t-on que ces armemens sont purement DÉFENSIFS?

D'abord, si l'on reconnaît que les rois de l'Europe ont peur de la France, on reconnaît par là même que la France pouvait être hardie envers eux, et se préparer sans ménagement dès le principe.

En second lieu, ces armemens devraient donc durer éternellement, car la France libre fera toujours peur à l'Europe.

Et quelle garantie en effet pourrait-on donner à celle-ci contre la peur?

Serait-ce d'*annuler* nous-mêmes notre révolution et de rétablir la *légitimité* ou une *quasi-légitimité* ? Mais la France n'y consentira jamais ; et le gouvernement qui aurait la perfidie de le tenter contre sa volonté périrait dans une révolution nouvelle.

Serait-ce de conserver le ministère Périer et son funeste système; de faire chaque jour de nouvelles concessions; de souffrir des armemens sans nous préparer nous-mêmes ; d'élire, pour la chambre des représentans, le président qui convient au ministère et à l'étranger; de conserver l'hérédité de la pairie; de voter les lois dictées par la sainte-alliance, et d'exécuter ses ordres; en un mot, d'être *sages* aux yeux de nos ennemis ? Mais la France s'indigne à cette seule idée.

Serait-ce de donner l'exemple d'un *désarmement* complet en s'en rapportant entièrement à la loyauté des autres pour accomplir leur promesse de désarmer ensuite ? Mais le ministère trahirait le pays s'il le livrait ainsi, par une folle confiance, à la discrétion de l'étranger.

Depuis long-temps le ministère s'efforce, dit-il, d'obtenir un désarmement général et simultané; pourquoi donc ne l'a-t-il pas obtenu ? N'est-il pas evident que la conférence de Londres ne veut pas désarmer, et qu'elle ne le veut pas parce qu'elle a besoin de comprimer l'effet moral de la révolution française et la disposition des peuples à s'affranchir ?

Les armemens, même considérés comme défensifs, devraient donc, nous le répétons, se continuer et durer éternellement.

Or la chose est impossible, parce qu'ils épuiseraient l'Europe, et acheveraient de ruiner partout le commerce et l'industrie en perpétuant la crainte de la guerre.

Ces armemens sont donc nécessairement les précurseurs d'une attaque contre la France.

Ils deviennent eux-mêmes une cause irrésistible de guerre.

L'état physique et moral des armées étrangères en est également une autre cause.

Le peuple, opprimé partout et qui s'agite partout pour la liberté, menace son propre gouvernement et ne menace que lui; mais partout le soldat est un instrument aveugle entre les mains de l'aristocratie qui le trompe et qui l'excite contre la France qu'elle calomnie; partout les armées régulières sont tellement accablées de privations et de misère qu'elles désirent la guerre et l'invasion de la France comme le terme de tous leurs maux.

Du reste, qu'est-il besoin de raisonner sur l'intérêt des rois, leurs armemens, et la misère des armées?

N'est-il pas avoué maintenant que la Russie s'avançait contre la France en novembre dernier, et qu'elle n'a été arrêtée que par l'insurrection polonaise? N'est-il pas indubitable que la Prusse et l'Autriche l'attendaient pour marcher avec elle? Et le ministère Wellington n'avait-il pas alors des dispositions hostiles, niées d'abord, avouées ensuite?

Il faut donc fermer volontairement les yeux à la lumière, ou reconnaître que la France serait attaquée depuis longtemps si la Pologne n'avait pas arrêté ses ennemis.

Oui, on ne peut trop le répéter, l'attaque contre la France était résolue, et même commencée: ce n'est pas une présomption; c'est un fait!

Nous aurons donc la guerre!

Non, s'écrie le ministère; les rois protestent tous les jours de leurs intentions amicales et pacifiques!

Mais ces protestations méritent-elles une confiance aveugle? L'histoire ne nous crie-t-elle pas que la diplomatie est essentiellement perfide et menteuse; que la Sainte-Alliance a scandaleusement abusé de notre crédulité en 1814 et 1815, que des vaisseaux ont quelquefois été pris en pleine paix, avant toute déclaration de guerre; que des alliés ont trahi leurs alliés sur le champ de bataille; que les rois d'Espagne, de Naples, de Piémont, ont trahi leurs peuples; que Louis XVI, Charles X et Don Miguel ont été parjures; que, la veille de l'invasion d'Espagne, dans son discours aux chambres, Louis XVIII affirmait solennellement que la malveillance pouvait seule transformer en préparatifs hostiles un cordon purement sanitaire; qu'un ancêtre de Guillaume a fait livrer bataille et tuer des hommes, immédiatement après avoir reçu l'annonce de la paix ? N'entendons-nous pas encore les cris des Belges accusant ce même Guillaume d'avoir, presque sous nos yeux, violé l'armistice ? Bien plus, ne sait-on pas que la Sainte-Alliance elle-même, la Prusse, la Russie et l'Autriche favorisaient secrètement, tout-à-l'heure, cette effrayante violation de l'armistice, pour faciliter la restauration du prince d'Orange, contre les assurances les plus formelles de leurs perfides protocoles ? Faut-il enfin que le canon prussien gronde à Montmartre pour commencer à douter de la sincérité des rois ?

Non, rien ne serait plus stupide qu'une aveugle confiance dans les protestations de la diplomatie.

Et d'ailleurs croit-on que cette diplomatie ne sache pas tout ce qui se passe chez nous ? Croit-on qu'elle ignore que la *Camarilla*, toujours incertaine un moment entre les peuples et les rois, n'a pas repoussé quelque velléité de propagande ; qu'elle a secrètement excité ou encouragé les réfugiés espagnols contre Ferdinand, les réfugiés italiens contre leurs gouvernemens et l'Autriche et la Turquie contre Nicolas ? Pense-t-on que les rois n'en ont ressenti ni mécontentement ni désir de vengeance, et que, se regardant comme trompés eux-mêmes, ils se feront scrupule de tromper Louis-Philippe et son ministère ? Le Roi-citoyen n'est-il pas un *usurpateur* à leurs yeux ? Guillaume ne doit-il pas être furieux contre lui ?

D'ailleurs encore, ce ministère qui nous parle tant de sa confiance dans les protestations amicales de l'étranger, mais qui ne veut rien nous faire connaître ; qui refuse à la représentation nationale toute communication diplomatique ; qui met tant de précautions insolites dans le choix de ses envoyés, et tant de mystère dans leurs opérations ; qui cependant demande à la nation une crédulité sans borne ; ce ministère mérite-t-il lui-même notre confiance ?

Et comment la mériterait-il ?

Est-ce par la modération, la convenance, la loyauté, la sagesse et l'habileté de son langage à la tribune et dans la chambre ?

Est-ce par son homogénéité et son union, quand nous savons que les ministres ont des secrets les uns pour les autres ; que la dépêche annonçant l'invasion autrichienne en Italie a été cachée quatre jours par Sébastiani à l'ancien président du conseil ; qu'une dépêche importante écrite à Guilleminot par la *Camarilla* a été cachée à Sébastiani lui-même ; et que le président actuel a caché à ses collègues l'arrivée et le séjour à Paris d'une sœur et d'un neveu de Napoléon, dans un moment où l'anniversaire de la mort du grand homme réveillait les regrets populaires, et où des milliers de couronnes de fleurs couvraient le pied de la colonne ?

Est-il possible de lui accorder cette confiance quand on connait son système et ses actes, quand il nous a trompés vingt fois, quand il a nié la marche hostile des Russes, et quand on examine les hommes qui le composent, leurs opinions, leurs affections, leurs intérêts et leurs antécédens ?

N'est-il pas vrai que l'un d'eux est l'un des auteurs de la restauration de 1814 ? Qu'un second faisait brûler en 1815 le drapeau tricolore sur la place publique, et négociait ouvertement pour Charles X dans les journées de juillet ?

N'est-il pas vrai qu'un troisième disait, *ou* laissait dire (1), en décembre, que, pour avoir la paix il fallait préparer la guerre, et qu'il ne l'a pas préparée ; qu'il promettait d'avoir

---

(1) Discours de M. Laffitte, Président du Conseil. — 1er décembre. — *Moniteur du* 2.

« Nous continuerons donc à négocier, et tout nous fait espérer que ces « négociations seront heureuses ; mais en négociant *nous armerons.*

« Sous très-peu de temps, Messieurs, nous aurons, outre nos places fortes approvisionnées et défendues, 500,000 *hommes en bataille* bien armés, bien « organisés, bien commandés. *Un million de gardes nationaux les appuieront,* « et le Roi, s'il en était besoin, se mettrait à la tête de la nation. » (Un vif sentiment d'enthousiasme se manifeste dans l'assemblée... Des applaudissemens réitérés, des cris de vive le Roi ! vive la liberté ! éclatent de toutes parts...... Cet enthousiasme se communique aux tribunes, et les regards se tournent vers l'une d'elles, où se trouve le jeune duc de Nemours.)

» Nous continuerons donc à négocier ; mais nous *négocierons appuyés de*

500,000 hommes en avril, et qu'il n'en a que 412,000 en octobre; qu'il jugeait nécessaire de former des armées et des camps et d'organiser 300 bataillons de garde nationale mobile, et que, sur l'opposition de Casimir-Périer, il a consenti à ne le pas faire; qu'il peuple l'armée de carlistes, et que, par exemple, il envoie commander à Brest un général dont la présence suffit pour exciter une émeute?

N'est-il pas vrai qu'un quatrième aspirait au ministère sous Charles X, qu'il a été nommé par lui le 30 juillet, qu'il négociait secrètement pour lui, qu'il a refusé de signer sa déchéance, qu'il a fait tous ses efforts pour empêcher la révolution et depuis pour l'annuler?

Est-il possible à des hommes raisonnables d'avoir une confiance aveugle dans un pareil ministère; dans une poignée de meneurs-doctrinaires dévoués à la restauration et à la légitimité; dans cette mystérieuse *Camarilla* qui dirige

---

» 500,000 *hommes et d'un million de gardes nationales.* » (De toutes parts, bravo, bravo!.., Sensation prolongée).

MARÉCHAL SOULT, ministre de la guerre. — Chambre des Pairs. — 8 décembre. — *Moniteur du* 9.

» Toutefois en présence *des armemens* qui se font dans le nord de l'Eu-
» rope, en présence des événemens qui se passent sous nos yeux, *nous ne*
» *pouvions être stationnaires*, et loin d'y avoir des sujets de crainte, nous
» avons dû y puiser des *avertissemens salutaires*. Des ordres ont été donnés
» pour fortifier plusieurs points principaux; mais, vous ne devez voir, mes-
» sieurs, dans ces dispositions, qu'un désir de plus que le gouvernement du
» Roi a de ne négliger aucune des mesures que commandent à la fois l'hon-
» neur et *la sûreté du pays.* » (Vive sensation). « Nous serons fort de *nos*
« *soldats*, comme de la justice de notre cause..! Nous ne manquerons enfin
» à aucune de nos obligations. »

DISCOURS DE M. LAFFITTE, président du conseil. — 11 février. — *Moniteur du* 12.

« Pour que notre système de modération soit *sans reproche* et conserve
» tout *son mérite*, il faut qu'il soit à la fois un moyen d'assurer la paix, et
» un moyen de *nous préparer plus complètement à la guerre*, si elle finit par
» être nécessaire; le temps des négociations doit être un *temps de prépara-*
» *tifs*.

» C'est pourquoi, messieurs, tout en vous faisant entendre le langage de
» paix, nous venons *vous demander des ressources pour la guerre*. » (219 millions.)

tout sans responsabilité; et surtout dans ce Talleyrand qui, passant pour l'un des diplomates les plus féconds en ressources, avait peut-être à la fois la confiance de Charles X et du duc d'Orléans; qui, peut-être consulté par tous les deux, les conseillait et les guidait tous les deux en même temps; qui, placé à Londres, entre Holy-Rood et Paris, loin de tous les regards, est peut-être l'agent de l'un et de l'autre, laissant *au hasard* des événemens le soin de désigner le maître qu'il abandonnera et celui qu'il servira définitivement? Peut-on ne pas trembler, quand on pense que les destins de la révolution, de la France et du monde sont entre les mains de ce prince des roués diplomatiques, de ce père des restaurations de 1814 et 1815, de ce souscripteur des honteux traités qui livraient la France à l'étranger, de ce traître qui sacrifia son empereur et sa patrie aux Bourbons et à la Sainte-Alliance?

Oui, tous ces hommes sont enchaînés par leurs antécédens; leurs opinions, leur intérêt et leur ambition les entraînent; ils savent bien que la révolution leur préférerait d'autres hommes, mais qu'Henri V et même Charles X pourraient les préférer eux-mêmes; car enfin se sont-ils compromis envers eux? Tous, au contraire, seraient-ils embarrassés pour dire qu'ils n'ont pris et exercé le pouvoir que pour éviter la république ou Napoléon II et l'anarchie, et pour sauver la restauration et la légitimité?

Parlera-t-on de leurs sermens? Mais leurs sermens à Charles X ont-ils empêché leurs sermens à Louis-Philippe? Pourquoi ceux-ci rendraient-ils impossibles de nouveaux sermens à leur premier maître?

Quoi, dira-t-on, vous allez jusqu'à craindre la trahison! Hé, mon Dieu! est-on libre d'avoir ou de n'avoir pas de la confiance, des soupçons, de l'inquiétude? Dans les crises politiques, aux yeux de beaucoup d'hommes de partis, la trahison ne paraît-elle pas de la fidélité, de l'héroïsme et de la vertu? L'histoire des peuples n'est-elle pas remplie d'exemples de trahisons? Les révolutions de France, en 1792, 1814 et 1815; de Naples, en 1821; d'Espagne, en 1823, n'ont-elles pas été compromises ou perdues par la trahison des gouvernans ou des généraux? Talleyrand, Marmont, Bourmont, Fouché n'ont-ils pas trahi? Tout à à l'heure, à nos portes, en Belgique, le ministre de la guerre et vingt autre fonctionnaires publics ne viennent-ils pas, dit-on, de trahir leur patrie? Est-il quelqu'un qui doute que des milliers de traîtres soient cachés parmi les carlistes comme parmi les orangistes? A quoi serviront donc l'histoire, l'expérience et le patriotisme, s'ils ne peuvent nous rendre défians et soupçonneux? Quant à moi, ce que je redoute le plus pour mon pays, ce n'est pas le nombre de nos ennemis marchant à découvert, ce n'est pas le combat en plein jour, à la face du soleil; c'est la surprise, c'est l'attaque dans les ténèbres, c'est surtout la perfidie et la trahison, la trahison qui peut-être vient de livrer l'héroïque Pologne.

Ce que préféreraient Talleyrand, nos ministres et les doctrinaires, c'est (on pourrait l'admettre) la quasi-légitimité avec Louis-Philippe; mais ce qu'ils détestent le plus, c'est la révolution de juillet; c'est là leur effroi principal; c'est l'idée fixe qui absorbe toutes leurs facultés, toutes leurs craintes. tous leurs efforts; et si les circonstances les placent entre la révolution d'une part, la restauration, la légitimité et l'invasion elle-même d'autre part, qui peut affirmer qu'ils se jetteront dans les bras de la révolution?

Il y a plus: des cris de mort ont frappé leurs oreilles; et cependant ils se cramponnent au pouvoir; leurs cœurs sont ulcérés; leurs adversaires ne sont plus, à leurs yeux, des Français et des concitoyens, mais un ramas de canaille et d'ennemis; la guerre est acceptée, ils ne reculent pas devant la nécessité des proscriptions et des mitraillades; leurs pieds sont déjà tachés de sang; et si l'invasion pouvait être leur seul moyen de salut, qui peut être sûr quils reculeraient devant l'appel de l'étranger?

Au reste, ayons le courage de le dire nettement, ce ministère nous trompe.

Il nous trompe, comme on nous a trompés constamment depuis la révolution, en abusant de notre confiance, en violant toutes les promesses et toutes les espérances de liberté.

Il nous trompe, quand il nous engage à dormir tranquilles ; car il nous a divisés ; il a laissé organiser la guerre civile dans l'ouest et le midi; il nous expose, au milieu d'une vaste conspiration, à la trahison des carlistes correspondant avec l'étranger, placés partout, dans les forteresses, dans l'armée, sur les frontières et dans la diplomatie.

Il nous trompe, quand il affirme que nous avons 400,000 hommes ; car nous n'en avons certainement pas 300,000 à mettre en ligne ; et ce sont des régimens épars sur toute la France, non organisés, ni en brigades, ni en divisions, qui ne connaisssent pas leurs généraux comme ils ne sont pas connus d'eux, et qui n'ont aucun des avantages des masses organisées.

Il nous trompe, quand il nous parle de trois millions de gardes nationaux enregistrés, et de 1,200,000 gardes nationaux organisés et armés ; car les gardes nationales n'ont été organisées que contre les émeutes et nullement contre l'étranger ; le peuple des villes et des campagnes, véritable force de la nation, mais effroi d'un ministère anti-libéral, en a été soigneusement exclu.

Il nous trompe, comme les gouvernemens d'Italie et de Belgique ont tout récemment trompé leurs peuples.

Il nous trompe, comme il a trompé les Italiens, en violant le principe de non-intervention solennellement proclamé par lui ; comme il a trompé les Polonais et les Belges.

Il nous trompe aujourd'hui, comme on nous a trompés l'an dernier, en nous cachant et même en niant ce que nous avions tant d'intérêt à connaître, les dispositions hostiles du ministère Wellington et la marche des Russes contre la France.

Il nous trompe, comme il a trompé jusqu'ici la garde nationale, les marchands, les patriotes trop crédules et trop timides.

Que dis-je ! il nous trompe, il nous trahit !

Car l'adoption d'un système contre-révolutionnaire de quasi-légitimité contre la volonté de la nation, en abusant de sa confiance, n'est-elle pas, en effet, une trahison réelle ?

L'union avec les hommes de la restauration et le repoussement des patriotes, ne sont-ils pas une trahison ?

L'alliance avec les rois étrangers ; la violation du principe de non intervention ; l'abandon de l'Italie, de la Pologne et de la Belgique, ne sont-ils pas une trahison ?

Le refus de mettre le pays en état de défense, d'organiser la garde nationale mobile, et de communiquer les actes diplomatiques, n'est-il pas encore une trahison ?

Oui, tous ces faits sont notoires, et la trahison est flagrante !

Et, d'ailleurs, qu'on nous perde par aveuglement, par obstination et par orgueil, ou par trahison ; que cette trahison soit matérielle ou intentionnelle ; que les traîtres s'exposent à l'infamie et à l'exécration de la postérité ; que nous importe, s'ils nous précipitent également dans un abyme ?

Oui, dans un abyme ! car, on ne peut trop le dire, et les faits le disent encore plus haut que les discours, la situation de la France est aujourd'hui la même que celle de l'Espagne en 1823, lorsque, entourée depuis long-temps d'un prétendu cordon sanitaire, trompée par les protestations de Louis XVIII et les promesses du cabinet anglais, affaiblie par ses divisions, trahie par ses généraux, cette brave nation, qui avait triomphé de Napoléon lui-même, succomba presque sans résistance devant le duc d'Angoulême.

Cette situation est la même aussi que celle de l'Italie, il y a quelques mois, et de la Belgique, il y a quelques jours.

Les mêmes calamités nous menacent et peuvent nous accabler.

Ces calamités pourraient même être incomparablement plus grandes pour nous ; car les autres peuples ont toujours quelque espoir de salut, tant que la France est debout et peut les protéger ; mais, la France envahie et vaincue cette fois, toute la colère des rois s'assouvirait sur elle.

D'abord les promesses d'amnistie, de liberté et de bonheur, ne seraient que des piéges perfides ; la vengeance, la proscription, la servitude et la ruine reviendraient avec Charles X, ou même Henri V et sa famille ; car ils s'abusent ceux qui croient que leur trahison leur obtiendrait une capitulation et des faveurs qui, dans tous les cas, ne seraient qu'un opprobre; ils se trompent ceux qui pensent que leur prétendue modération ou leur égoïste neutralité les préserveraient de tout malheur; ils se trompent aussi ceux qui s'imaginent que la restauration ramènerait la stabilité, la sécurité, le travail, le commerce et l'industrie : qu'on le sache bien! les hommes de juillet ne se résigneront jamais à la légitimité et à la restauration ; il faudrait les exterminer tous; et quand même on ne reculerait pas devant la nécessité de répandre tant de sang, comme leur extermination subite et instantanée serait impossible, la lutte serait longue; les persécutions perpétueraient le mécontentement et les complots, et rendraient nécessaires des proscriptions nouvelles ; le juste-milieu d'aujourd'hui, redevenu sensible à l'oppression de ses compatriotes, et refusant d'en être le délateur et le bourreau, finirait par devenir suspect et par être frappé lui-même ; l'inquiétude et l'incertitude ne laisseraient naître ni l'industrie ni le commerce; et la misère, jointe au choléra-morbus, moissonnerait des populations misérables et désespérées.

La France serait démembrée et partagée : on ne laisserait à Charles X, ou à Henri V, ou à Louis-Philippe, qu'un simulacre de royaume. Irrités par trois révolutions et trois invasions, encore tremblans du péril que leur a fait courir la révolution dernière, ne voulant plus rester exposés à des dangers auxquels ils savent bien n'avoir échappé que par miracle, les rois, et surtout les aristocraties encore plus barbares que les rois, voudraient étouffer le foyer de la liberté afin d'éteindre la liberté partout; l'héroïque peuple des barricades serait châtié comme un peuple rebelle; Paris lui-même, Paris qu'on appelle une ville criminelle, serait pillé, brûlé, rasé, comme on le dit dans les salons dorés de Vienne, de Berlin, de Londres, de Saint-Pétersbourg, de Madrid et de La Haye.

Cet espoir, si les rois s'en nourrissent, ne se réalisera pas : une invasion momentanée, la guerre civile et la trahison pourraient nous faire bien du mal; mais ce serait pour nous une question de vie ou de mort; la guerre deviendrait nationale; les patriotes divisés un moment se réconcilieraient et s'uniraient; les gardes nationaux, les marchands, trompés long-temps par un gouvernement menteur, deviendraient peut-être les plus ardens quand il ne s'agirait que de se défendre; la France, comme Paris dans la grande semaine, ne serait qu'une immense barricade; le parti du mouvement, les hommes de juillet, la jeunesse et le peuple s'enseveliraient sous les ruines de la patrie plutôt que de plier la tête sous le joug, ou de la porter sur l'échafaud, ou d'attendre le poignard des assassins; les représentans du pays, trop confians d'abord, mais mandataires fidèles à leurs devoirs, défendraient jusqu'au dernier coin de terre le sol sacré de la patrie; les peuples, trop clairvoyans pour confondre une nation amie avec son gouvernement qu'ils exécrent, les peuples, qui sentent bien que notre cause est la leur, et qui partout frémissent d'impatience, se lèveraient avec nous contre leurs tyrans; mais fussions-nous seuls, comme en 92, l'amour de la liberté, l'enthousiasme patriotique, le souvenir de notre grandeur et de nos victoires, le désespoir enfin, renouvelleraient tous les prodiges; et la terre de France ne se serait ouverte que pour engloutir ses ennemis!

Mais quelle responsabilité pour nos ministres! quelle honte pour notre gouvernement! que de malheurs, que de sacrifices, que de sang coûterait la victoire! tandis qu'une attitude imposante dès le principe, avec l'adoption franche et sincère de notre révolution, assurait la paix intérieure et extérieure, le triomphe de la liberté, le bonheur du peuple, et la gloire de son roi!

Faut-il qu'une si admirable révolution n'ait qu'un si déplorable résultat!

Mais que faire?

Composer à l'instant le ministère le plus national et le plus énergique;

Revenir franchement, complètement, *à la révolution et à ses conséquences;*

Se préparer à la guerre défensive *sans perdre un moment et sans rien négliger*, comme si l'on devait être incessamment attaqué;

Rappeler Talleyrand;

Notifier aux rois qu'on veut la *paix*, et demander un prompt *désarmement* général.

Si la Sainte-Alliance a vraiment des intentions pacifiques, elle désarmera; si ses protestations ne sont qu'une perfidie, elle sera forcée de se démasquer : son refus serait une déclaration de guerre.

Mais, quelque peu de temps qui s'écoule avant les hostilités, nous serons plus prêts qu'aujourd'hui : en nous préparant au combat, nous suivrons mieux l'impulsion de notre caractère; nous nous élancerons avec plus d'ardeur et de confiance, et nous aurons plus de chances de succès : dussions-nous succomber, nous ne ferions que hâter de quelques jours une défaite décidée par le destin, et la mort même, en combattant, vaudrait mieux qu'une longue agonie.

Mais la victoire n'abandonnerait pas la France défendant son indépendance et la liberté du monde.

Urgence.

Nous l'avons prouvé, la guerre est inévitable.

Mais quand commencera-t-elle ?

La Sainte-Alliance est prête.

La Prusse, l'Autriche, l'Allemagne, la Russie et la Hollande, et même l'Espagne, n'ont pas seulement des régimens isolés comme les nôtres, elles ont des armées organisées, avec leurs généraux à leur tête et tout leur matériel : ces armées, qui nous enveloppent de tous côtés, sont sur nos frontières et peuvent les franchir à chaque instant.

La Russie elle-même est à son poste, pour menacer et comprimer les peuples de Prusse et d'Allemagne.

Notre première avant-garde ne les arrêtera plus; la Pologne est écrasée.

Notre tête de pont, la Belgique, succombe peut-être en ce moment, et donne passage à l'invasion.

Du reste, l'impossibilité de prolonger plus long-temps des armemens ruineux; la misère qui presse tous les peuples; le désir d'en finir; la présence même des troupes françaises en face des Prussiens; le récent triomphe de l'aristocratie anglaise, peuvent déterminer chaque jour le commencement des hostilités.

Peut-être le choléra-morbus suspendra-t-il l'attaque, si toutefois l'effroi qu'on répand en son nom n'est pas une ruse de guerre; mais peut-être aussi ne fera-t-il que la précipiter; car l'étranger sait bien que le ministère n'a pas préparé la défense; que rien ne peut lui garantir l'existence de ce ministère; que chaque jour peut amener inopinément un gouvernement plus énergique, qui rendrait de suite au pays tout son essor, et que, par conséquent, les circonstances ne seront probablement jamais plus favorables pour attaquer la France.

Aussi, chaque jour, la Sainte-Alliance devient plus exigeante et plus menaçante.

Chaque jour, l'invasion peut commencer.

Le danger presse : il n'y a donc pas un moment à perdre pour conjurer l'orage.

Mais non, répète le ministère, ils ne sont pas encore prêts; ils craignent leurs peuples ; ils ont plus peur de la France qu'elle ne peut avoir peur d'eux; ils préfèrent attendre. — Attendre quoi ? qu'ils soient plus prêts encore; que la révolution se soit usée, et que la France soit encore plus divisée et plus affaiblie ? S'ils ont intérêt à ajourner, n'avons-nous pas un intérêt contraire ? Et s'il est vrai qu'ils ont peur, pourquoi reculons-nous toujours? Pourquoi craignons-nous de préparer la défense ?

Et d'ailleurs, si nous sommes trahis....!

Car enfin le mot de trahison n'est-il pas dans toutes les bouches ? les carlistes ne paraissent-ils pas sûrs d'une prompte restauration ?

Interrogez chacun, chacun vous répondra que nous sommes sur un volcan, qu'un abyme est sous nos pieds !

Regardez autour de vous : n'apercevez-vous pas les symptômes les plus effrayans d'indifférence, de dégoût et de d' couragement ? Les électeurs viennent-ils aux élections ? La garde nationale répond-elle au rappel ? Ne donne-t-elle pas elle-même, sur quelques points, l'exemple de la sédition et de révolte ? Ne commence-t-on pas à refuser de payer l'impôt ? L'autorité sans force ne cède-t-elle pas la place à l'anarchie ? Est-il quelqu'un qui ne souffre, à qui l'air ne pèse ? Une effroyable misère ne presse-t-elle pas le peuple et ne menace-t-elle pas la société, non-seulement d'une émeute ou même d'une révolution, mais d'un bouleversement complet ? L'hiver ne répand-il pas déjà l'effroi ?

Oui, le pays s'use, se consume et tombe en dissolution !

Chaque jour qu'il perd, c'est comme s'il perdait des millions d'argent et des milliers de soldats !

Prolonger cette situation désastreuse, c'est achever de ruiner le pays, c'est le livrer à l'invasion, c'est servir Holy-Rood et l'étranger comme si l'on était d'accord avec eux, en un mot, c'est *trahir*.

En changeant promptement de système au contraire, on peut encore tout sauver, peut-être même la Belgique et la Pologne.

Ainsi, mille raisons pour se hâter, aucune pour ajourner.

Et si du haut du ciel une voix nous disait : *vous aurez certainement la guerre au printemps ;* chacun ne s'écrierait-il pas : commençons, armons-nous, préparons-nous, finissons-en ?

Hé bien, je le répète ; à moins que la restauration ne s'accomplisse par un mouvement intérieur, ou que la révolution ne soit écrasée par le ministère actuel, la guerre est évidemment, incontestablement inévitable ; elle va commencer bientôt, peut-être tout à l'heure, ou pour le plus tard au printemps.

Finissons-en donc, finissons-en !

Je le demande à grands cris, du fond de ma conscience, avec l'irrésistible conviction que le salut public est compromis.

Et qu'on y réfléchisse bien, il ne sagit pas ici d'opinions politiques ; c'est pour tous et pour chacun une question de ruine ou de prospérité, de servitude ou d'indépendance, de mort ou de conservation ! Que chacun pense à sa famille, à sa femme, à ses enfans, à sa propre tête, et à sa patrie !

Puisse la chambre comprendre la grandeur de sa mission et l'étendue de sa responsabilité! Puisse-t-elle, mieux inspirée que ces Grecs du bas empire qui disputaient sur des subtilités théologiques pendant que l'ennemi sappait leurs murailles, sentir que les questions de liberté ne sont plus rien quand l'indépendance est menacée ; que la défense du pays réclame toute sa sollicitude, tout son dévouement et tous ses efforts; et qu'elle ne peut servir la France aujourd'hui qu'en demandant un nouveau système ministériel avec un nouveau ministère !

Puissent nos ministres résister enfin à l'esprit de vertige et d'erreur qui semble les entraîner ! Puissent l'intérêt de leurs familles, l'honneur, et l'amour du pays les arrêter au bord de l'abyme !

Puisse le prince, il en est temps encore, puisse le prince ouvrir enfin les yeux et sauver la patrie !

BIBLIOTHÈQUE ROYALE

IMPRIMERIE DE AUGUSTE MIE, RUE JOQUELET, N° 9.
PLACE DE LA BOURSE.